아픈 이의

곁에 있다는 것

아픈 이의 곁에 있다는 것

초판 1쇄 발행 2022년 11월 25일

지은이 김형숙, 윤수진
펴낸이 이지은 **펴낸곳** 팜파스
기획편집 박선희
디자인 조성미 **마케팅** 김서희, 김민경
인쇄 케이피알커뮤니케이션

출판등록 2002년 12월 30일 제 10-2536호
주소 서울특별시 마포구 어울마당로5길 18 팜파스빌딩 2층
대표전화 02-335-3681 **팩스** 02-335-3743
홈페이지 www.pampasbook.com | blog.naver.com/pampasbook
이메일 pampas@pampasbook.com

값 16,000원
ISBN 979-11-7026-525-2 (03330)

아픈 이의

결에 있다는 것

김형숙 · 윤수진 지음

팜파스

이 글이 나오기까지 몇 년이 걸렸다. 그 과정에서 겪은 우여곡
절이 간병에 대한 우리의 무지와 무관심을 드러내는 것이 아닐까 싶
다. 글 쓰는 사람이 한 명에서 세 명, 다시 두 명에서 한 명, 또다시
두 명으로 변경되었다. 글쓰기를 포기하기도 몇 차례, 약속된 원고
마감일을 넘긴 횟수도 헤아릴 수 없이 많았다.

처음 출판사에게서 제안 받은 것은 '간병하는 가족, 보호자에게
지지와 안내, 위로를 전하는 글'이었다. 장기간 중환자실, 가정간호,
호스피스를 경험한 간호사 세 명이 모였고, 온갖 사례들이 많았기에
글은 쉽게 마무리할 수 있을 것으로 기대하였다.

그러나 글을 쓰면서 우리의 관심이 오로지 '아픈 이'에게만 집
중되어 있다는 것을 거듭 확인하게 되었다. 우리는 여전히 '아픈 이
를 좀 더 잘 돌보기 위해 가족들이 어떻게 해야 하는가'에만 관심을
기울이고 있었다. 글을 쓰면 쓸수록 우리에게 가족을 이해하고 공감
하려는 마음보다는 '가족을 가르치거나 잘못된 간병 태도를 지적하

는 의도'가 강하다는 게 분명해졌다.

그렇게 이 글을 쓰면서 우리 자신부터 간병하는 가족의 처지와 어려움을 제대로 이해하지 못하고 있다는 걸 깨달았다. 간호사들은 병원에서 아픈 이를 위해 가족들과 협력해야 한다. 하지만 가족들의 어려움을 보지 못하고 '나의 돌봄 부담을 덜어 주는' 존재로만 봐온 것은 아닌가 돌아보는 시간이기도 했다.

또한 이 글을 쓰면서 우리는 우리에게 나름의 이상적인 기준이 있고, 그 기준에 못 미치는 가족들을 비판적인 시선으로 바라보고 있다는 걸 알게 되었다. 간호사로서 우리는 수많은 간병 가족들을 만났다. 그 과정에서 모범 사례들도 많았지만, 처음 경험하는 가족들은 서투를 수밖에 없다는 사실을 간과한 것이다.

이 글은 동료들이나 자매들 등 주변 사람들에게서 듣거나 일하면서 만난 수많은 사람들의 이야기로 구성되었다. 실제 사례에 기반을 둔 이야기들이지만, 되도록 구체적인 인물들이 특정되지 않도록 이야기를 재구성하였다. 그분들의 이야기를 통해 우리는 아픈 이에게만 집중하는 시선에 가려 보이지 않던 간병하는 가족들의 삶을 보게 되었다.

이야기를 들려준 가족들, 간호사들(특히 안성하 간호사님)께 감사를 드리며, 특히 이런 주제에 대해 고민할 기회를 주고, 엄청 게으르고 헤매는 저자들을 기다려 준 박선희 편집자님께 미안함과 함께 고마움을 전한다.

차 례

Part.1 _____

아픈 이만큼이나 보호자도 아프다

가족 중 누군가 중병에 걸리거나 사고, 혹은 노환으로 간병이
필요해지면 우리는 이를 가족에게 닥친 '하나의 사건', '한때의
위기'로 생각하고 대처한다. 그래서 쉽게 '우리 가족 모두' 같은
경험을 하고 있고, '함께' 그 위기를 극복하고 나면 그 과정에서
겪었던 어려움과 우여곡절도 끝난다고 생각한다.

그런데 자세히 들여다보면 그런 일은 '한때의 위기'로 지나가지
도, 모두에게 같은 의미를 지닌 '하나의 사건'으로 경험되지도
않는다. 투병과 간병을 하는 상황은 아픈 이와 돌보는 이, 그리
고 주변 사람들의 과거와 현재가 복잡하게 얽혀 영향을 주고받
고, 그 경험은 각자의 미래와 관계에 커다란 흔적을 남긴다. 한
가족이라고 하더라도 '아픈 이'의 경험과 '가족'의 경험이 다르
고, 가족들 중에서도 간병을 맡거나 보호자 역할을 하는 사람과
다른 가족들의 경험도 다르다. 투병과 간병의 고통에 뒷전으로
밀려나 필요한 돌봄을 제대로 못 받은 가족 내 약자의 경험은
더더욱 다를 것이다.

어쩌면
삼대의 삶이
걸린 시간

    J의 이야기는 한 사람의 투병 기간 동안 가족의 구성원들이 얼마나 다른 경험을 하는지, 그 영향력은 또 얼마나 오래 지속되는지 잘 보여 준다. J의 남편은 젊은 시절부터 중병을 앓았고 여러 차례 생명의 위기를 겪었다. 남편은 자주 서울의 대학병원에서 입원 치료를 받아야 했다. 입원 기간은 짧아야 2주, 길면 몇 달을 넘기는 때도 있었다. 그때마다 병을 앓는 남편뿐 아니라 간병을 하는 J, 그리고 어린 아들의 일상은 함께 소용돌이쳤다. 남편이 사경을 헤매는 동안 J는 병원에서 숙식을 해결하며 24시간 곁을 지켰고, 어린 아들은 이집 저 집 오가며 친척들의 손에 맡겨졌다.

간병하는 아내의 이야기

젊은 J로서는 살면서 한 번도 상상해 보지 못한 경험이었다. 당연히 그 시간을 어떻게 넘겨야 할지 사전 정보도 없었다. 걱정을 끼치지 않으려고 양가 부모님께는 남편의 입원 사실을 비밀로 했기 때문에 크고 작은 조언을 해줄 만한 '어른'들도 없었다. 함께 마음 아파하고 도움을 주려는 형제자매들과 친구들은 많이 있었지만 그들 역시 젊었고 이런 상황에는 미숙했다. 마음과 달리 아픈 사람과 그 곁을 지키는 사람을 어떻게 대하고 도울 수 있는지에 대해 알지 못했다.

그래서 J는 자신에게 어떤 도움이 필요한지, 누구에게 도움을 요청할 수 있는지도 알지 못한 채 불안과 공포에 시달렸다. 남편은 어떻게 될지, 이후 아이와의 삶은 또 어떻게 될지를 걱정하며 하루하루를 견뎠다. 늘어나는 병원비와 두고 온 아들. 감당해야 할 온갖 걱정들을 처리하느라 앞날을 가늠할 여유도 없었다. 그중 지금 J를 가장 사무치게 하는 것은 어린 아들을 제대로 보살피지 못했다는 자책과 미안함이다. 차라리 아이가 아주 어릴 때는 큰 문제를 느끼지 못했다. 남편이 입원해도 다른 지방에 있는 친지들에게 아이를 맡길 수 있었기 때문이다.

그런데 아이가 학교에 다니게 되면서 그 방법이 소용없어졌다. J와 남편이 병원에 있는 동안에도 아이는 집에서 학교를 다녀야 했다. 결국 J가 운영하던 가게와 함께 아이를 근처에 사는 삼촌에게 맡겼다. 삼촌은 아이를 키워 본 경험은커녕 자기 앞가림에도 서툰 청

년이었다. 자기 생활에 덤으로 J의 가게와 아이까지 돌보는 일이 삼촌에게도 쉽지 않았을 것이다.

　그걸 알면서도 J는 남편이 입원한 몇 달 동안 한 번도 집에 들러보지 못했다. 중환자실과 입원실, 수술실을 오가며 수없이 많은 고비를 넘기고 있는 남편 곁을 떠날 수가 없었다. 문병객들이 많았지만 간병을 대신할 사람은 없었고 그럴 수 있다는 생각조차 못했다. 병원 시스템상 중환자 가족은 24시간 대기하고 있어야 했으며, 경기도 외곽에 있는 집은 병원에서 너무 멀었다. 대중교통 노선이 좋지 않아 서둘러도 한나절이 걸리는 길이었다. 그 시간 동안 보호자가 자리를 비워도 괜찮다고 말해 주는 사람은 없었다.

　입원 기간이 길어지자 아이가 주말마다 삼촌 손에 이끌려 면회를 왔다. 잠깐씩 마주하는 아이의 모습에서 J는 엄마 손길이 닿지 못한 흔적들을 수도 없이 발견했고, 그때마다 심하게 마음을 다쳤다.

　어느 날은 과자 봉지를 손에 든 아이가 허술한 차림으로 다리에 깊게 패인 상처를 드러낸 채 병실에 들어섰다. 대중목욕탕에서 어딘가 세게 부딪쳤다고 했다. 삼촌은 아이의 다리에 난 상처를 지혈만 했을 뿐 소독하고 드레싱을 해야 한다는 생각은 미처 하지 못한 눈치였다. 아이 삼촌은 주말임에도 이른 시간에 일어나 목욕탕에 다녀오고, 면회하러 대중교통으로 먼 거리를 오느라 분주했을 것이다. 내색하지 않으려고 애썼지만 약을 사고 상처를 소독해 주는 내내 J의 몸이 심하게 떨렸다. 너무 마음이 아파 정신을 차릴 수가 없었다.

　남편의 상태가 조금 호전되자마자 집으로 달려간 J는 다시 한 번 마음이 무너져 내렸다. 집 안이 쓰레기 더미로 가득했다. 온갖 과자 봉지들과 옷가지들이 뒤엉킨 가운데서 아이가 생활하고 있었다. 아마도 임시 보호자인 아이의 삼촌도 별반 다르지 않은 환경에서 살고 있었을 것이다. 인스턴트식품이라도 제때 먹이고, 대충 씻겨 학교에 보내는 것도 힘들었을 터다. 아이 삼촌이 최선을 다했다고 믿었고 그 미숙함을 이해했지만 J가 받은 상처는 컸다.

탓할 곳이 없으니 자책만 남았다. 자신의 고통에 대해 이야기하는 것이 남편에 대한 가해처럼 여겨져 남편과도 나눌 수 없었다. 그렇게 가슴에 묻어 둔 상처들은 지금도 불쑥불쑥 예고 없이 튀어나와 J를 힘들게 한다. 무심코 켜놓은 텔레비전 화면에서 쓰레기 더미 같은 집안을 비출 때, J는 황급히 채널을 돌리고 장성한 아들의 눈치를 살핀다. 아들이 봤을까? 아들이 그때를 떠올리진 않을까? 가슴이 벌렁거리고 신경이 예민해진다. 이럴 때는 남편의 사소한 한마디에 감정이 폭발한다. 이유를 설명할 수 없으니 이해받기도 어렵다. 가끔 J는 남편과 아들에게 '이해되지 않는, 감정 기복이 심한' 사람으로 여겨진다는 생각이 들어 억울하다.

간병하는 동안, 아이들의 시간은 어떻게 흘렀을까?

이 사람 저 사람 손을 거치며 '스스로 알아서' 성장해야 했던 아들에게 그 시절의 기억과 흔적은 어떻게 남아 있을까? J에게는 아이의 유년 시절에 대한 기억이 별로 없다. 세월이 흐른 후 그때 아이를 돌본 이들이 추억처럼 이야기하는 아이의 모습은 신기하면서도 낯설다. 그저 기억나는 몇 장면을 통해 아버지의 병과 어머니의 부재로 불안했던 유년이 아들의 삶에 큰 흔적을 남겼으리라 짐작할 뿐이다.

어린 아들은 겁이 많고 눈물도 많았다. 엄마가 아플까 봐 걱정도 많았다. 늘 갖고 싶은 것, 하고 싶은 것이 없다고 말해 어른들이 대견해하면서도 안쓰러워했다. J가 장난감을 사 주려고 하면 작고 보잘 것 없는 것을 골랐다. "엄마, 돈 있어?"하고 걱정부터 하는 아이가 다른 친척이 사 준다고 하면 잽싸게 비싸고 좋은 것을 골라 들었다. 공부를 곤잘 하면서도 진학에 욕심을 내지 않았고, 겉멋을 부리지 않는 짠돌이로 청소년기를 보냈다. 그리고 자유분방한 삶보다는 안정을 추구하는 성실한 청년이 되었다.

모두 아버지가 아프고 엄마가 힘들었던 시기의 흔적이 아닐까. 겉으로만 드러난 모습을 통해 짐작해 볼 뿐이다. 이 사람 저 사람의 도움을 받는 동안 눈치 보며 주눅 들지는 않았는지, 누군가 악의 없이 "쯧쯧, 아빠가 생사를 오가는데 아무것도 모르고……." 하는 말에 상처 받지는 않았는지 알 수 없는 노릇이다.

위독한 아버지와 간병하는 어머니를 병원에서 만나고 돌아가던 길, 쓰레기 더미가 되어 버린 빈집에 홀로 남겨진 아이의 마음은 짐작조차 할 수 없다. 아마도 그 모든 기억들이 모여서 지금의 아들이 되었을 것이다.

그나마 J의 사정은 나은 편이었던 것이다. 경제적인 어려움이 따랐지만 주변에 도움을 주려는 친지와 친구들이 많이 있었고, 가족들과도 서로 지지하고 의지하는 관계에 있었기 때문이다. 그렇지 못한 조건에서 부모들이 투병과 간병에 몰두하는 사이에 아이들의 삶이 부정적인 영향을 받고 무너지는 사례들도 많다.

S의 남편은 어느 날 갑자기 과로로 쓰러져 깨어나지 못했다. 남편이 무의식 상태로 요양병원들을 전전하는 동안 S는 남편의 보험금과 보상금을 둘러싸고 시댁 식구들과 극심한 갈등을 겪었다. 어른들의 불화는 이제 막 십 대에 접어든 아이 앞에서도 감출 수 없을 정도로 격렬했다. 아버지가 병원에 있던 기간, 친지들이 방문하거나 전화를 하면 아이는 슬며시 자기 방으로 들어가 방문을 닫았다. 아이는 유난히 가깝게 지냈던 친지들을 더 이상 반길 수 없게 되었을 것이다.

다행히 남편의 죽음 이후에 한동안 아이는 괜찮아 보였다. 공부도 잘하고 흔들림 없이 자기 앞가림을 해나갔다. 이는 S가 남편을 잃고도 살아갈 수 있는 힘이자 희망이었다.

그러나 어느 날부턴가 아이가 세상 밖으로 나오기를 거부했다. 세상을, 사람들을 무서워하게 된 것이다. 아버지와 함께 할아버지, 할머니를 비롯하여 가장 가까운 친지들을 모두 잃은 아이였다. 괜찮을 리가 없었다. 아빠를 잃어 가는 슬픔의 한가운데서 가장 가깝게 지내던 친지들과의 갈등을 폭력적으로 경험한 아이가 괜찮기를 바란 것이 욕심이었을지도 모른다.

간병은 한 번으로 끝나지 않았다

처음 중병을 앓고 퇴원한 후부터 J의 남편은 삶이 완전히 달라졌다. 죽을 고비를 넘긴 사람들이 흔히 그러하듯 새 인생을 살기로 한 것 같았다. 남편은 사소한 것들에 초연해졌다. 때론 이기적으로 여겨질 만큼 자신의 몸과 건강을 챙겼다. J도 남편이 알아서 자신을 챙기는 것에 감사했다. 모두 퇴원을 '회복'에 대한 선언으로 받아들였다. 도움을 주던 이들은 안도의 숨을 내쉬며 자기 일상으로 돌아갔다.

하지만 J의 간병 생활은 끝나지 않았다. 병원에서 집으로 장소를 옮겼을 뿐 남편은 여전히 '아픈 사람'이었다. 남편의 몸 상태는 하루아침에 좋아지는 게 아니기 때문이다. 병원에서는 직원들이 대신해 주던 상처 소독, 약 챙기기, 식사 준비 등을 직접 하느라 J의 부담이 늘었다. 아내, 엄마, 딸, 며느리, 언니, 누나로서 하던 역할들은 고스란히 남아 있었다.

J는 집안일은 물론 가게를 꾸려 생계를 책임지면서 아이를 돌보고 수시로 남편의 외래 진료에 동행하며 바쁜 일상을 살아 냈다. 아주 조금씩 남편의 상태는 호전되었지만, '아픈 상태'가 '회복된 상태' 혹은 '건강한 상태'로 변화되는 시점이 언제인지 분명하지 않았다. J도, 주변 사람들도 '아픈 남편'과 '간병하며 집안을 책임지는 J'의 삶에 익숙해졌다.

몸 상태에 민감한 남편도 때때로 긴장을 늦출 때가 있다. J는 남편이 자신의 목숨이 위태롭던 순간을 기억하지 못하기 때문이 아닐까 생각했다. 중병을 앓던 시기에 당사자인 남편은 의식이 없었다. 그 다급하고 절박한 심정을 알 리 없었다. 그러나 J는 언제라도 남편이 다시 위중한 상태로 입원할 수 있다는 생각을 잊은 적이 없었다.

남편의 입원은 곧 J가 버는 수입이 줄거나 중단되는데다가, 부담스러운 병원비가 지출된다는 의미였다. 남편의 치료비를 감당할 수 없거나 아들을 제대로 키울 수 없을지 모르는 상황이 멀게 느껴지지 않았다. 항상 경제적인 위협을 의식해야 했다.

이런 경험은 반복한다고 해서 익숙해지는 게 아니었다. 하지만 여러 번 겪자 달라지는 것도 있었다. 아이가 자라 남편이 입원해도 혼자 지낼 수 있게 된 것이다. 이젠 남편이 입원을 해도 웬만해서는 주변 사람들에게 알리지 않았다. 그만큼 J의 고단함과 외로움은 더 깊어졌다.

다를 수도 있지 않았을까?

인터뷰를 하면서 J는 "어쩔 수 없는 상황이었다."는 말을 자주 했다. 아픈 이인 남편도, J도, 주변 친지들, 어린 아들까지도 자기 몫의 고통을 안고 한계에 이를 때까지 최선을 다했다는 것이다. 지금 아무리 회한이 깊어도, 다시 그 상황에 처하면 J와 가족들은 이전과 다르지 않은 경험을 하게 되리라는 슬픈 체념이기도 했다. 그러나 이렇게 결정적인 순간에 서로 무엇을 겪는지 관심을 기울이고 이야기를 나눌 수 없다면 사랑하는 이들과의 관계, 함께하는 삶이란 무슨 의미가 있을까?

　그래서 좀 다른 가정들을 해보기로 한다. 우리 모두가 아픈 이를 돌보거나 간병하는 일에 관심을 갖고, 그것이 무엇을 의미하는지 알고 있었다면 어땠을까? 그랬더라도 J, S와 그 가족의 경험은 달라지지 않았을까? 사회적으로 간병하는 이의 어려움을 덜어 줄 시스템이 잘 갖추어져 있고, 누구나 간병하는 이에게 실제적인 도움을 주는 방법을 알고 있었다면? 그래서 J, S가 큰 부담 없이 간병 전문가의 도움을 받거나 주변 사람들의 배려로 잠깐씩이라도 남편 곁을 떠나 아이를 보살필 수 있었다면? 남자 형제들이 가사노동과 아이 돌보는 일에 좀 더 능숙했다면? 눈 밝은 의사, 간호사가 있어 병원을 떠나 있어도 될 때를 알려 주고 집에 다녀오라고 지지해 주었다면? 일시적이나마 부모의 돌봄을 잃어버린 아이의 마음을 알아주고, 아이에게 맞는 방식으로 도울 줄 아는 어른들이 많았다면? 먼저 간병을 경험한 사람들의 지혜를 나눌 기회가 있었다면? 서로 비이성적으로 변하기 쉬운 간병 기간에 가족들 간의 갈등에 관심을 갖고 가족 회의나 대화를 촉진할 수 있는 돌봄 전문가가 있었다면?

　이렇게 생각해 보면 우리가 그간 간병이나 돌봄에 대해 알지 못하고 낯설어 하는 것을 너무 당연시해 왔다는 생각이 든다. 간병에 대한 우리의 무지와 무관심이 간병 가족들의 경험뿐 아니라 우리의 삶까지 필요 이상으로 힘겹게 만들고 있는지도 모른다.

　우리 생애 대부분은 서로 돌보고 돌봄 받는 경험으로 이루어져 있다. 그 경험의 질에 따라 여러 사람의 인생이 바뀐다. 간병은 돌봄을 받는 조부모 세대, 조부모를 돌보는 부모 세대, 부모 세대의 돌봄에 의존하는 자녀 세대, 최소한 3대의 인생이 엉켜 있는 경험이다. 이 중요한 시기, 이 위기를 기회로 경험할 수 있으려면 온전히 아픈 이와 가족들이 서로에게 집중할 수 있도록 하는 더 많은 지원이 필요하다. 그러자면 아픈 이뿐 아니라 가족 구성원들 모두 각기 다른 경험을 하면서 위기를 겪고 있고, 각자 특별한 관심과 도움이 필요하다는 사실을 인정하는 것부터 시작해야 한다. 그렇게 되면 가족 구성원들이 서로의 경험에 대한 관심을 갖고 소통하는 것은 물론이고, 제각기 힘든 가족들을 위해 이웃들이 자신들의 지혜와 시간을 나누고 사회적으로 지원 방안도 모색하게 되지 않을까 한다.

갑자기
내가 보호자?
엄청난
역할 혼란을 겪다

병원 간호사로 일하다 보니 '가족'보다는 '보호자'라는 말이 더 익숙하다. 아픈 이가 입원을 하면 간호사들은 바로 '보호자들'을 부르고 그중에서도 '주 보호자'를 확인하여 정확한 연락처를 확보해 두려고 애를 쓴다. 가족은 모두 '보호자'로 인식되었고(심지어 '보호자들 중에 어린이'라는 말도 들어 보았다), 가끔 가족이 아닌 '보호자'들도 있었다. 가족이 없는 아픈 이는 있어도 보호자가 없는 아픈 이는 보기 힘들었다. 보호자가 없으면 입원 전부터 원무과나 사회복지과에서 나서서 보호자를 찾고 하다못해 사회복지제도의 '보호'라도 약속받아야 입원할 수 있었기 때문이다.

우리가 '가족' 대신 '보호자'란 용어를 선호했던 의식의 밑바탕에는 책임과 부담을 나누어 덜고 싶은 바람이 있었는지도 모른다. 특히 의료적 선택에 따르는 법적 책임과 심적 부담에 대하여.

이러한 의료진의 바람은 아픈 이와 '갑자기 보호자'가 된 가족들에게 그대로 전해지기 마련이다. 보호자들은 황급히 아픈 이와의 뒤바뀐 역할에 적응하면서 부여된 책임을 감당하느라 힘들어한다. 아픈 이들 또한 이미 병이 들었다는 것만으로도 건강한 이들 앞에서 위축된 상태라 자신을 직접 상대하기보다 의례히 보호자를 찾는 의료진들의 모습에 익숙해진다. 어느 틈에 아픈 이들도 스스로 결정하려 하기보다 항상 보호자의 허락을 받아야 하는, 말 잘 듣는 '어른이'가 된다.

물론 복잡한 의료적 결정을 보호자들에게 위임했다고 하여 자신의 삶에 대한 모든 권한까지 포기한다는 의미는 아니다. 그런데도 불구하고 아픈 이가 의존한다는 이유만으로, 아픈 이와 보호자들이 달라진 서로의 역할을 잘못 이해해 의도치 않은 갈등을 겪기도 한다.

병으로 달라진 가족 관계도

50대의 A는 서른이 채 안 된 딸이 밀어 주는 휠체어를 타고 호스피스병원에 입원했다. A는 의식도 명료하고 충분히 의사 표현을 할 수 있는 상태였지만 입원에 필요한 상담이나 동의서 작성은 모두 딸이 앞장서서 대신하였다. 처음에는 '젊은 친구가 기특하네.'하고 대수롭지 않게 여길 만한 평범한 모습이었다.

그런데 시간이 지나면서 나는 딸과 A의 관계에 고개를 갸우뚱

거리게 되었다. 아픈 이가 말기 상태에 있다고 하더라도 엄마는 엄마이고 딸은 딸이어야 한다는 게 나의 생각이었다. 그런데 두 사람의 모습은 마치 엄마가 딸이고 딸이 엄마인 것처럼 여겨졌다고나 할까?

어느새 간호사들도 환자의 식단으로 밥을 드실지 죽을 드실지를 선택하는 것조차 딸의 허락을 구하고 있었다. 그때 환자인 엄마는 간호사에게 죽을 먹겠다는 의사를 분명히 했다. 하지만 보호자인 딸은 "엄마, 힘을 내려면 죽보다는 밥을 먹어야지! 그치?"라며 마치 어린 딸을 다그치는 엄마처럼 행동했다. 간호사 앞이라는 사실을 조금도 개의치 않는 모습이었다. 환자는 민망한 듯 웃으며 "얘가 밥을 먹으라네요."라며 순순히 딸의 말에 따랐다.

가족 체계 이론의 관점에서 보면 이러한 역할 변화는 어느 정도까지는 정상적인 반응이다. 체계로서 가족의 특수성을 설명하기 위해 가족을 흔히 모빌에 비유한다. 전체적인 모빌 자체는 가족이 되고 각각의 모빌 추는 가족 구성원인 셈이다. 만일 심각한 질환으로 가족 구성원 중 한 명이 역할을 제대로 수행하지 못하게 되면 다른 가족 구성원이 가족의 균형을 이루기 위해 그 역할을 대신하게 된다. 마치 모빌의 균형을 이루기 위해 한쪽 모빌의 추를 더 크게 하거나 무겁게 만드는 것과 같은 논리다.

몇 해 전 갑작스럽게 남편과 사별한 A 가족도 그러했다. 갑자기 의지할 곳을 잃어버린 A에게 딸은 남편처럼 의지할 수 있는 든든한 존재였다. 남편이자 아버지의 빈자리를 채우기 위해 A와 딸은 각자의 역할에 조금씩 더 짐을 보탬으로써 원래 세 식구가 유지했던 안정적 균형을 이루어 왔다.

그러나 A가 암 진단을 받으면서 A 가족은 다시 한 번 휘청거리게 되었다. A가 짊어졌던 엄마와 가장의 역할은 모두 딸에게 돌아갔다. 딸의 극진한 보살핌과 지지 덕분에 암 진단을 받은 후 수술과 항암 치료를 비롯한 지난한 투병 과정을 견딜 수 있었다. 그러나 안타깝게도 A의 상태는 말기 암으로 진행되었고, 극심한 통증으로 일상생활도 유지하기 어려워 호스피스에 입원하게 된 것이었다. 엄마 같은 딸, 딸 같은 엄마를 만들어 낸 가족의 역사였다.

역할 혼돈, 충돌이 일어나다

A의 입원 후 호스피스팀은 통증이나 질환과 관련된 육체적 증상들을 적극적으로 조절하였다. 얼마 지나지 않아 통증과 증상은 A와 딸이 어느 정도 만족할 만한 수준에 이르렀다. 신체적인 평안이 목표 수준에 도달하자 그동안 통증에 가려졌던 심리적 어려움, 남겨질 가족에 대한 걱정, 삶의 의미에 관한 의문, 죽음에 대한 두려움 등 다양한 문제들이 표면 위로 떠올랐다. 호스피스팀은 음악 요법, 원예 요법과 같은 다양한 요법 프로그램과 원목자와의 영적 상담, 사회복지사와의 가족 상담 등을 통해 환자의 총체적인 고통을 완화시키는 데 주력했다.

그러나 딸은 A의 상태가 나아졌다고 여기고 인터넷에서 면역 요법, 자연 치유 등 완치를 목표로 하는 다른 치료법을 찾아보기 시작했다. 많은 환자들이 호스피스에 입원하여 증상이 줄어들면 다 나은 것 같은 기분이 들고 '항암 치료를 더 받아 보면 어떨까?' 하는 생각이 든다고 한다. 증상이 조절되었을 뿐인데 몸 상태가 좋아진 것으로 착각해 포기했던 치료에 다시 집착하게 되는 것이다. 이로 인해 자칫 평화로운 임종과 사별을 준비할 기회를 놓칠 수도 있다.

A의 딸 또한 미련을 버리지 못하고 대부분 과학적으로 검증되지 않은 치료법들을 A에게 권유했다. 이런 상황에 놓이면 지푸라기라도 잡고 싶은 마음 때문에 환자들 역시 동요하기 쉽다. A는 딸을 생각하면 어떤 치료든지 간에 다시 한 번 해야만 할 것 같지만 완치 가능성은 매우 희박하고 경제적으로도 부담이 되는데 어떤 부작용이 생길지도 모르는 치료를 결정할 용기가 나지 않는다고 했다.

급기야 딸은 퇴원을 권하며 치료를 받으러 가자고 졸랐다. A는 마음의 갈등이 깊어졌다. A는 호스피스팀과 상담할 때에 더 이상 치료를 받고 싶지 않다고 명확히 표현했다. 하지만 딸 앞에서는 차마 그런 생각을 분명하게 밝히지 못했다.

결국 호스피스팀은 A와 딸이 함께 있는 자리에서 딸이 시도하려는 면역 요법이나 자연 치유가 의학적으로 검증되지 않았을 뿐 아니라 아픈 이를 더 힘들게 할 수 있다는 점을 일깨워 주었다. A는 면담 내내 고개를 끄덕이며 호스피스팀의 의견에 동조했다.

면담을 마친 후 딸은 어린아이처럼 소리 내어 울었다. A는 울고 있는 딸 앞에서 어쩔 줄 모르고 있었다. 그간 보았던 일반적인 부모 자녀의 모습과는 사뭇 달랐다. 대개는 이런 상황에서 딸이 울고 있으면 "엄마는 괜찮아."라고 달래는 것이 엄마의 역할이었다.

그런데 A는 딸의 눈치를 보며 편을 들어주지 못해 미안해하고 있었다. 단순히 엄마의 죽음을 받아들이지 못하는 딸의 문제만은 아니었던 것이다. 겉으로는 엄마의 임종을 수용하지 못하는 딸의 문제로 보일 수도 있다. 하지만 더 근본적으로는 엄마가 엄마의 역할을 전혀 하지 못하고 딸이 자신의 가치 판단에 따라 엄마의 역할까지 도맡으면서 생기는 역할 갈등이 문제였다.

이 문제에 대해 호스피스팀 내에서 심층 논의가 이루어졌고, 의사가 A와 단독 면담을 진행하기로 했다. 그간 A가 가장 신뢰하고 의지해 온 호스피스팀 의사였다. 의사는 호스피스팀이 파악한 문제의 핵심을 직접적으로 꺼냈다.

"나는 진심으로 당신의 딸이 걱정됩니다. 당신은 당신이 떠나게 될 것을 이미 어느 정도 받아들이고 있는 것을 알겠어요. 하지만 저 아이는 이제 혼자 남겨지게 됩니다. 당신과 관련된 모든 결정을 딸에게 맡기는 것은 딸에게 지나친 책임감을 주게 됩니다. 자칫 당신이 가고 난 뒤 그 책임감은 죄책감이 되어 딸을 몹시 힘들게 할 수도 있어요. 딸을 위해서 당신이 엄마라는 것을 생각하고 용기를 내주었으면 좋겠습니다."

A는 고개를 숙인 채 담담하게 이야기를 듣고만 있었다.

난 아직 너의 엄마란다

결국 A는 딸의 뜻대로 퇴원했다. 딸이 말하는 자연 치유 요법은 아니었지만 충분히 자연 치유적인 환경에서 머무르기로 했다. 그리고 한 달여 후 질환이 진행되어 통증이 심해진 A는 다시 응급 입원을 하였다.

재입원을 하고 난 뒤 보여 주는 A와 딸의 태도는 많이 변해 있었다. A는 엄마 역할을 하고 있었다. 언젠가 병실에서 투약을 하던 중 엿듣게 된 모녀의 대화만 보아도 알 수 있었다. 무언가 둘 사이에 이견이 있었던 것 같았다. A는 딸에게 힘이 들어간 목소리로 "엄마가 말했지? 엄마 말대로 해."라고 단호하게 말했고, 딸은 뾰로통한 표정으로 고개를 끄덕이고 있었다. 못 말리겠다는 표정으로 딸을 보는 엄마와 자기 뜻대로 안 되어 뿔이 난 딸의 표정에서 여느 집 모녀의 티격태격하는 일상이 그려졌다. 이게 바로 엄마와 딸의 모습이다. 그런데 딸이 혼자서 가족을 짊어지고 모든 일을 해결하려 했으니 그 무게가 얼마나 막중했을까. 그동안 이 가족에게 일어난 많은 일들을 혼자 헤쳐 나가기에는 딸은 아직 어렸다.

이후 A는 통증이나 증상 조절과 관련된 모든 의료적인 결정을 주도적으로 했다. 딸이 혼자 결정하기 힘든 자신의 장례 문제까지 챙겼다. 딸은 A의 뜻에 따라 엄마의 임종을 준비할 수 있었다.

환자와 가족은 시기적절한 역할의 전이가 필요하다. 너무 이르면 환자는 존중받지 못한 느낌, 쓸모없는 느낌을 받게 되고 가족들은 부담을 필요 이상으로 지게 된다. 반대로 너무 늦으면 환자는 투병을 하면서도 본래의 역할을 해내느라 힘겨워진다. 특히 말기 환자라면 적절한 임종의 준비도 어려워지며 가족들은 도리를 다하지 못했다는 죄의식을 갖기도 한다.

이는 단순히 누가 환자를 돌보고, 집안일을 할 것이며, 경제생활을 대신할 것인지의 문제를 말하는 것이 아니다. 아무리 환자라고 해도 의사 결정 능력이 있는 한 자신의 문제에 대해서는 스스로 책임질 역할이 있다.

호스피스에서 만나는 많은 가족들이 어려워하는 문제 중 하나는 환자의 치료와 관련된 의사 결정을 대신하면서 생긴다. 인지가 떨어져 판단 능력이 없는 환자가 아님에도 가족들은 '보호자' 역할을 하면서 그 부담을 대신 짊어지며 힘겨워하는 모습을 종종 본다. 하지만 환자에게 올바른 정보를 주고 충분히 설명하면 자신의 가치관에 따라 결정할 수 있다. 오히려 자신의 뜻을 존중해 준 것에 대해 고마움을 느끼며 존엄한 느낌을 가지게 된다. 역할의 전이가 정체성마저 바꿔 버려서는 안 된다. 부모는 여전히 부모이며, 자녀는 자녀인 것이다.

선택과 결정,
보호자를
미치게 만들다

간병 상황에 놓인 가족들이 가장 힘들어하는 부분 중 하나는 "더 이상 저희 병원에서 해드릴 것이 없습니다. 보호자들이 결정하시죠." 하는 통보를 받는 순간, 혹은 예후를 장담할 수 없는 검사나 수술을 결정해야 하는 순간이다. '우리 아버지가 이렇게 갑자기 나빠질 줄 몰랐는데', '이 상황이 꿈이 아니고 현실이야?' 하는 충격과 절망 속에서 빠져나올 겨를도 없이, 갑자기 사랑하는 이의 생명을 둘러싼 일생일대의 결정을 해야만 하는 것이다.

의료적 결정은 언제나 시간을 다투는 상황에서 이루어진다. 환자의 질병 상태와 예후에 미치는 영향 등 고려할 사항도 많다. 정보와 자원이 충분하지 않은 보호자들로서는 실제적인 결정권은 없으면서 결과에 대한 책임만을 떠맡는 것과 같다. 그리고 책임질 수 없는 상황에서 선택과 결정을 대신한 가족들은 죄의식과 자책감으로 고통받는다. 가족들의 선택은 각기 달랐고, 이제부터 그 선택들을 살펴보려 한다. 하지만 모두 그 선택을 깊은 상처로 안고 살아가고 있다는 점은 닮아 있다.

응급실에서, 진짜 가족이 내릴 수 있는 결정인가?

응급 상황에서 가족들은 의료진의 판단에 전적으로 의존하게 된다. 환자의 상태에 대한 의료적 판단이 의사 결정의 유일한 기준이기 때문이다. 가족이나 지인 중에 의료인이 있다면 그 사람의 견해에 의존하고, 그조차 어려운 사람들은 주변 사람들의 아주 주관적이고 개인적인 경험에 영향을 받기 쉽다. 그 모든 어려움 속에 내린 결정도 가족의 의도대로 온전히 이루어지기 힘든 환경과 조건이 수두룩하다.

그럼에도 불구하고 결과에 대한 책임은 '대리 결정자'가 되어 동의서에 서명한 가족들이 감당해야 한다. 남편이 출장을 갔다가 아무 연고 없는 지방 도시에서 사고를 당해 갑자기 보호자가 되어야 했던 S의 경우가 그랬다.

남편은 뇌출혈로 긴급히 수술을 해야 하고 예후를 장담할 수 없는 상황이었다. S는 갑작스런 전화를 받고 응급실로 향하는 도중에 지방의 대학병원에서 수술을 받을 것인지, 서울의 집 근처 대형병원으로 이송할 것인지 판단해 달라고 요구받았다. 의료진은 이송 중의 위험을 경고했고, 다른 한편에서는 무조건 첨단 시설과 경험 많은 의사들이 있는 서울의 대형병원이 안전하다고 S를 압박했다. 그 사이에서 S가 의지할 만한 전문적인 조언이나 기준 같은 건 없었다.

응급실 의료진은 상태를 통고하고 결정을 내리라고 재촉할 뿐 다른 대안에 대해서는 전혀 염두에 두지 않는 것 같았다. 설사 S가 서울로 이송하겠다고 결정해도 응급실 의료진이 이송할 병원의 상황을 알아보고 의료진과 상의해 필요한 조치를 취해 줄 것이라고 기대하기 어려웠다. 긴박한 순간에 지방 병원과 서울의 대학병원 의료인들이 CT나 MRI 결과를 주고받으며 최선의 판단을 하고 그 결과를 가지고 가족들을 만나는 모습은 드라마니까 가능한 거였다.

형제자매들이 총동원되어 서울에 있는 대학병원 응급실에 전화를 해보았다. 마치 정해 놓은 매뉴얼처럼 들려온 대답은 한결같았다. 정확한 상태를 알 수 없으니 이송 가능성에 대해 판단할 수 없고, 해당 병원의 응급실과 입원실 병상이 부족해 이송하더라도 입원을 보장할 수 없다는 말이었다. 듣기에 따라서는 오지 말라는 협박처럼 들리기도 했다.

결국 지인인 간호사의 조언을 들어 지방의 대학병원에서 수술하는 쪽을 선택했다. 남편의 뇌 손상을 조금이라도 줄여야 한다는 것, 이송한다고 해도 서울의 대학병원에서 응급 수술이 가능할지 확신할 수 없다는 이유 때문이었다. 간병을 도와줄 친정과 시댁의 형제자매들, 친구들이 모두 서울에 있었지만 다른 선택지는 없었다. 주변에서 받을 수 있는 도움을 포기하고 낯선 도시에서 홀로 어린 아들을 데리고 간병을 하기로 한 것이다. 이 결정으로 인해 연고가 없는 도시에서 S와 아들이 숙식하는 비용도 감당해야 했다.

남편이 중환자실에서 나올 정도만 되면 바로 서울로 옮길 수 있으리라 생각하고 아들을 데리고 병원 근처 여관에 묵으며 간병을 시작했다. 그 이후로는 매 순간이 '지금이라도 서울로 옮겨야 하지 않을까?'하는 선택의 기로였다. 남편의 상태가 조금이라도 불안정해질 때, 아이 돌봄에 문제를 느낄 때, 의료진이나 병원 시스템에 불만족스런 면을 발견할 때, 왜 서울 병원으로 옮기지 않았냐는 면회객들의 질문을 들을 때 등. 언제나 S는 자신의 결정을 의심하며 불안에 떨어야 했다.

어린 아들을 데리고 낯선 도시의 여관에서 생활하면서 중환자실에 있는 남편을 면회하는 생활이 2주일 가까이 되었다. 병원에서 돌아오면 컴퓨터도 없는 여관방에서 옮길 수 있는 서울의 병원들을 물색하며 시간을 보냈다. 신경외과 전문의가 있는 병원들을 찾아내더라도 어디에 어떻게 연락해야 할지부터 막막했다. 어렵게 대학병원들 홈페이지를 뒤져 연락하고, 필요하면 해당 분야 전문의 외래를 예약하기 위해 전화를 했다. 하나같이 병상은 부족하고 남편이 이미 위중한 상태를 벗어났기 때문에 대학병원 입원 대상이 아니라고 했다. 신경외과 전문의들은 이미 다른 병원에서 수술을 마친 환자에 관심이 없었을 것이라고 짐작되었다.

서울에서 남편의 입원을 받아 줄 만한 병원은 요양병원밖에 없었다. 그래서 담당 의사가 서울의 신경외과전문병원으로 입원 의뢰를 해주었으면 했다. 그러나 이번에도 병원 의료인들, 의사는 물론 간호사들도 별 도움이 되지 않았다. 응급실에서 '나중에 옮기더라도 지금은 아닌 것 같다'고 했던 의사도 실제 이송을 염두에 두진 않았다는 걸 알게 되었다. 의료인들이 해주는 말이란 옮겨 갈 병원이 정해지면 미리 알려 달라는 게 전부였다.

마음고생은 고생대로 하고 결국 남은 기간을 그 병원에서 치료받기로 결정했다. 더 나은 조건을 갖춘 병원 중에 입원 가능한 곳을 못 찾았으니 불가피한 선택이었다. 이 또한 S의 선택이 아니라 사회적으로 강요된 결과였다.

퇴원이 다가오자 담당의는 입원해 재활 치료를 받을 수 있는 병원을 알아보라고 했다. 역시 이번에도 의사나 간호사들은 병원을 선택하는 과정에 전혀 개입하지 않았다. 두서없이 알아본 결과, 서울에는 재활전문병원이 드물었고 알려진 곳은 모두 빈 병상이 없었다. 며칠을 고심하다 큰 기대 없이 의사에게 도움을 청했다. 옮길 병원을 정하지 못해 퇴원을 미루고 있을 때였다.

담당의는 서울 대신 경기도에 있는 병원 두 곳을 추천해 주면서 원하는 곳에 의뢰해 주겠다고 했다. 한참 뒤늦은 도움에 퇴원이 미루어지고 자신들이 아쉬워지니 이제야 옮겨 갈 곳을 알아봐 주나 하는 원망이 고마운 마음을 앞섰다. 다행히 한 곳에 입원이 가능했다. 재활 시설과 재활 프로그램도 잘되어 있다는 평판이었다. S는 또다시 매일 서울 집에서 병원까지 멀고 낯선 길을 오가며 간병을 했다.

오랜 시간이 지나고 남편이 큰 후유증 없이 회복되고서야 S는 가슴을 쓸어내렸다. 자신의 선택이 잘못되지 않았구나 하고. 만일 남편의 예후가 좋지 않았다면 그 모든 순간들을 돌이키며 자책하고 후회했을 것이다.

중환자실에서, 지옥을 봤어요

K의 가족은 중환자실에서 치료받는 쪽을 선택했다. 말기암 환자인 아버지는 폐 상태가 나빠져 더 이상 일반병동에서 산소마스크로 지탱할 수 없었다. 의사는 심폐 소생술 금지 동의서와 중환자실 입실 동의서를 나란히 놓고 '상태가 더 악화되어 심장마비가 오면 심폐 소생술을 시행할 것인지' 가족들의 의견을 물었다. 또 환자 상태가 위독하여 적극적인 치료를 받으려면 24시간 의료진이 지켜볼 수 있는 중환자실로 이동해야 한다고 설명했다.

돌이켜 보면 그때에도 아버지는 틈만 나면 집에 가고 싶다고 가족들을 조르고 계셨다. 하지만 가족들은 그렇게 중병을 앓는 분을 집으로 모실 수 있다고 생각해 본 적도 없었고, 그것이 맑은 정신으로 하는 말씀이라고 생각하기도 어려웠다. 가족들은 어찌할 바를 몰랐다. 빠른 결정을 재촉하다 지쳐 짜증스런 기색을 보이기 시작한 의료진에게 같은 질문을 묻고 또 물었다. 답은 나오지 않았다. 결국 온 가족이 장시간 머리를 맞대고 내린 결론은 '그래도 아직 포기하긴 이르지 않아?' 하는 것이었다.

그런 결론에 이르자 빨리 중환자실로 옮겨 호흡기 치료를 받아야만 할 것 같았다. 심한 호흡 곤란으로 헐떡이는 아버지를 보면 다른 생각을 할 겨를도 없었다. 나머지 동의서들에 대해 담당의가 설명을 해도 무슨 내용인지 귀에 들어오지 않았다. K가 가족을 대표하여 중환자실 치료에 필요하다는 여러 장의 서류들에 서명을 했다.

몇 시간 뒤 면회를 간 K는 아버지의 모습을 보고 큰 충격을 받앗다. 입안에 튜브가 삽입된 아버지가 묶인 팔을 풀려고 몸부림치고 계셨다. 몸을 뒤틀며 제발 풀어 달라고 부딪쳐 오던 아버지의 애처로운 눈빛, 상상도 못한 광경이었다. 그렇게 K는 아버지의 마지막 시간을 놓지도 잡지도 못한 채 지옥을 경험했다. 중환자실에서 아버지가 겪고 계신 고통을 고스란히 지켜보는 일은 형벌에 가까웠다.

그 며칠 동안에 K는 머릿속으로 결정 과정을 수십 번, 수백 번 되새김질하면서 잠을 잃었다. 안타까움과 죄송한 마음, 입 밖에 낼 수도 없는 의료진들에 대한 원망들이 뒤엉켜 매일 마음이 지옥이었다. 의료진과 가족들이 주고받은 한 마디 한 마디, 마음속에 품었던 생각 한 자락까지 비수가 되어 마음을 찔러 댔다.

머릿속으로는 아무도 예상 못한 결과였고 누구의 잘못도 아닌 걸 알았다. 하지만 그 끔찍한 결과 앞에 어디라도 탓할 곳이 필요했다. 자신 외에는 탓할 곳이 없어 중환자실 입실 서류에 서명한 일로 자책하며 자해의 유혹에 시달렸다. 어떤 날은 어떤 일이 일어날지 제대로 알려 주지도 않은 채 기도 삽관을 하고 인공호흡기를 연결했던 의료진을 원망하며 밤을 새웠다. 원망은 수시로 적의로 바뀌면서 공격적인 상상을 충동질했다. 그런 고통의 한가운데서 아버지와 사별했다. 임종은 오히려 충격이 덜했고 K는 아버지의 주검 앞에서 극심한 죄책감과 함께 옅은 해방감 혹은 안도 비슷한 감정을 느꼈다.

그러나 중환자실에서의 마지막 기억은 끈질기고 선명하게 남아 아버지와 함께한 수십 년의 좋은 기억들을 집어삼켜 버렸다. 그 잘못된 결정이 팔십여 년 빛났던 아버지의 인생과 남은 가족들의 인생을 망가뜨린 기분이었다. 밤마다 자신과 의료진을 해치고 싶은 위험한 충동에 시달리느라 일상이 무너졌다. 처음에는 공감하고 위로해 주던 가족들도 '유난스럽게' 오래 힘들어하는 K를 고통스럽게 느꼈다. K의 슬픔 때문에 아이들을 비롯해 다른 가족들의 삶도 함께 위태로워졌다.

요양병원에서, 두 달 만에 진짜 환자가 되셨어요

H의 가족은 아버지의 요양병원^{243쪽 참고} 입원을 선택했다. H는 맞벌이여서 아들을 친정어머니가 돌봐 주고 계셨다. 처음에는 어머니의 뜻에 따라 아버지를 집에서 모시고 있었다. 그런데 허약하신 아버지는 여러 차례 낙상을 겪고 크고 작은 부상을 입으셨다. 집안일과 아이 돌보기, 간병까지 맡은 어머니의 건강도 문제였다.

아버지께선 낙상 사고로 머리를 다쳐 피를 철철 흘리면서도 병원에는 가지 않겠다고 고집을 피우셨지만 선택의 여지가 없어 보였다. 당뇨, 고혈압, 파킨슨병, 혈관성 치매까지 앓고 계신 분을 가정에서 모시려고 했던 것 자체가 가족들의 욕심 같았다. 세상의 시선 때문에 아버지를 위험에 빠뜨리고 있는 것은 아닌지 자책하면서 요양병원을 수소문했다. 고르고 골라 선택한 병원은 집에서 가깝고, '의료기관 인증평가 1등급 인증!'이라는 플래카드가 나부끼는 곳이었다.

H는 아버지가 찾으실 때는 언제든 불러 달라고 간호사에게 당부를 했다. H가 간호사인 것을 아는 병원에서도 여러 가지 배려를

해주는 것을 느낄 수 있었다. 그러나 면회 시간은 제한되어 있고, 아버지를 만나는 일은 생각만큼 자유롭지 않았다. 마음과 달리 H는 수시로 찾아뵙고 곁을 지키기는커녕 퇴근 후 한 번씩 뵈러 가는 일마저 간호사들의 눈치가 보였다.

인지 장애가 있어 상황을 충분히 이해하거나 기억하지 못하신 아버지는 "가족들이 나를 버리고 갔다."며 큰 충격을 받으셨다. 늦은 밤, H가 다급한 연락을 받고 달려가 보면 고집 세고 자존심 강하던 아버지가 엄마를 잃은 아기처럼 겁에 질린 채 눈물을 뚝뚝 흘리며 울고 계셨다.

게다가 말끔한 시설과 의료기관 평가 1등급이라는 외양과는 달리, 간호 수준도 기대에 못 미쳤다. 의사들은 병동에 상주하지 않아 얼굴을 보기 힘들었고, 인력은 턱없이 부족해 간호사나 지원 인력 한 사람이 여러 일을 겸했다. 요양보호사 한 명이 환자를 8명 이상 담당한다고 했다. 모든 환자들이 꼼짝 않고 누워 정해진 시간에 주는 만큼 먹고, 정해진 시간에 기저귀를 갈아야 유지되는 시스템이었다.

배설량이 많다는 요양보호사의 말을 듣고서는 H가 따로 간식을 사 가는 것도 눈치가 보였다. 허약하신 아버지를 부축해 규칙적으로 운동을 시켜야 한다고 느꼈지만, 산책을 시켜 달라는 말은커녕 면회 시간을 이용해 운동을 해보겠다는 말조차 꺼내기 어려웠다. 아버지가 움직이는 일은 하나부터 열까지 모두 돌보는 이들의 업무를 늘리는 일이었기 때문이다.

허약한 대로 그럭저럭 혼자 일상생활을 하실 정도는 되던 아버지의 인지 능력과 신체 활동은 요양병원에 입원하고 나서 훨씬 나빠졌다. 침상 밖으로 거의 나올 기회가 없는데다 불안정한 심리 상태 때문에 억제대(혼돈 환자의 낙상이나 자해를 방지하기 위해 사용되는 끈, 장갑, 재킷 등의 도구)를 하는 일이 잦았다. 그렇게 입원 두 달 만에 아버지는 걷지도 못하고 완전한 와상 환자가 되어 버렸다.

와상 상태는 곧바로 욕창 발생으로 이어졌다. 욕창은 걷잡을 수 없이 악화되어 시술이나 수술을 받기 위해 여러 차례 대학병원에 입원해야 했다. H는 아버지의 욕창을 떠올릴 때마다 '딸이 간호사인데…….' 하고 가슴을 쳤다. 할 수만 있다면 개인적으로 비용을 들여 요양보호사(보건복지부 주관 국가자격을 보유했다.)나 간병사(민간자격을 보유하거나 또는 자격증 없이 간병 업무를 맡을 수 있다)를 한 명 따로 두고 싶었다. 아니, 자신이 매일 밤 근무라도 서고 싶은 심정이었다.

돈과 시간, 노동을 감당할 마음이 있어도 아버지의 간호 상황을 바꿀 수 없었다. H는 덫에 걸린 것 같은 무력감을 느꼈다. 다른 대안을 알지도 못하면서 H는 아버지의 욕창이 자신의 책임이라고 생각했다. 요양병원에 입원하면서 와상으로 진행됐고, 그것이 욕창의 원인이었을 것이다. 그 원인의 원인을 찾으면 요양병원 입원을 결정한 H가 있었다. H는 아버지의 때 이른 죽음도 욕창 때문이요, 결국은 자신의 책임이라는 자책감을 안고 살아간다. 그래서 아버지 장례를 치른 지 몇 년이 흘렀어도 아버지를 떠올릴 때마다 말로 다할 수 없는 죄송함과 회한으로 가슴을 친다.

가정에서, 낙상하셨어요

I의 가족은 가정에서 돌보는 쪽을 선택했다. 아버지는 말기를 진단 받은 후에도 통증이나 허약 상태가 심하지 않았다. 매일 집 근처를 산책하고 스스로 일상생활을 할 수 있었다. I의 형제자매들이 외래 일정에 맞춰 휴가를 내어 동행하고 병원 치료 일정을 살폈다. 그래서 어머니께서도 교회를 오가고 잠깐씩 동네 친구들과 어울리는 정도로 사회생활을 할 수 있었다.

가족들은 아버지가 당장은 입원하거나 요양기관을 이용할 상태는 아니라고 판단했고, 아버지의 뜻도 끝까지 집에서 지내고 싶다는 것이었다. 형제자매들은 교대로 자주 찾아뵙기 위해 당번을 정했다. 더 힘들어지면 주간보호센터^{243쪽 참고}에 등록하거나 요양보호사의 도움을 받을 계획이었다.

그런데 위기는 생각보다 일찍 찾아왔다. 조금씩 허약해지던 아버지가 집밖 출입을 줄이고 사람들을 만나는 것을 꺼리게 된 것이다. 산책길에 무슨 일이 있었는지, 아니면 단순한 심리 변화였는지 알 수 없었다. 아버지께서 집에만 계시는 시간이 늘어나니 자연히 어머니도 아버지 옆에 발이 묶였다.

아버지는 감정 기복이 심해져 사사건건 짜증을 내고 억지나 화를 내는 일이 잦았다. 아버지의 인지에 문제가 생긴 것 같았다. 어머니의 부담이 늘어나자 두 분의 다툼도 잦아졌다. 고령의 허약한 몸으로 아버지의 일상을 챙기고, 인지 저하로 생긴 짜증과 억지를 다 받아 내는 어머니의 고충도 무시할 수 없는 것이었다.

그럼에도 불구하고 아버지는 주간보호센터를 이용하는 것도 요양보호사가 집으로 방문하는 것도 모두 마다하셨다. 자신은 그렇게 중환자가 아니라는 것이었다. 많이 쇠약해지긴 했어도 걸어서 화장실을 오가고 혼자 씻기도 하시니 가족들도 뭐라 할 말이 없었다. 어머니께서도 좁은 집에 요양보호사까지 오는 건 내키지 않아 했다. 예상과 다르게 상황이 흘러가자 형제자매들은 급히 상의하여 부모님 댁을 방문하는 횟수를 늘렸다. 모두 직장을 다니거나 아이를 키우고, 거주지가 멀다는 등 어려움이 있었지만, 다른 방법이 없었다.

그런데 가족들이 혼란을 겪으면서 새로운 상황에 적응할 무렵에 갑자기 아버지께서 돌아가셨다. 아니, 돌아가신 상태로 발견되셨다. 어머니께서 집 앞 마트에 다녀오느라 잠시 집을 비운 사이에 낙상을 하신 것이다. 아직 화장실 정도는 스스로 다녀오실 수 있는 상태였기에 미처 예상하지 못한 일이었다. 어쩌면 죽음이 먼저 오고 그것이 낙상으로 보이는 것인지도 몰랐다. 어쨌든 온 가족이 엄청난 충격을 받았고, 각기 다른 이유로 자책감에 시달렸다.

I는 요양원이든 병원이든 24시간 돌봐 주는 시설에 입원하셨다면 아버지의 마지막이 달라지지 않았을까, 아버지가 원했다 해도 말기암 환자를 집에서 모시는 게 옳았을까 하는 후회를 한다. 집에서 모시자고 했을 때 I가 예상한 아버지의 마지막은 이런 모습이 아니었다. 막연히 하루하루 평화롭게 지내시다 가족들에 둘러싸인 채 주무시듯 떠나실 것이라고 생각했다. I는 세상 물정 모르는 자신의 낭만적인 기대 때문에 아버지가 편안한 임종을 못하신 건 아닌가 하는 생각을 마음 한구석에 품고 살아간다.

완벽한 선택은 없다

돌봄에서는 거대한 구조적인 문제와 아주 사소한 것들이 너무나 밀접하게 연결되어 있는 걸 자주 겪게 된다. 그래서 문제가 터질 때마다 근본적인 해결책을 찾기는 어렵고, 아픈 이와 가장 가까운 거리에 있는, 간병하는 개인을 탓하고 넘어가는 걸 자주 본다.

중요한 것은 가족들이 온갖 가능한 시나리오에 대비해 철저히 준비하면 피해 갈 수 있으리라는 기대를 버리는 것인지도 모른다. 모든 결과를 예측하고 대비하려다 보면 어떤 결정도 내릴 수 없기 때문이다. 어떤 결정을 했건 한 사람의 삶이나 마무리 과정이 완벽할 수는 없고, 사별 후에 돌아보면 아쉽고 후회가 남기 마련이다.

또한 선택의 결과, 특히 후회되는 부분에만 너무 사로잡히지는 말자. 각자의 선택에는 이유가 있었고, 그 상황에서는 최선이었을 테니. 결과가 안 좋더라도 그것을 개별 가족들이 선택한 건 아니다. 중환자실이나 요양병원을 택한 것이 잘못인 게 아니라 중환자실과 요양병원의 돌봄이 충분하지 않았던 것이다. 결국 어디에서 치료를 받건 아픈 이와 가족의 다양한 고통을 제대로 살피고 지지해 주는 돌봄 시스템을 어떻게 만들어 낼 것인지가 문제인 것이다.

나쁜 소식은
알리지 않는 게
약일까?

　중병을 앓는 사람을 간병하면서 부딪치는 또 다른 논란과 갈등은 바로 '환자에게 진실을 알리는' 문제다. 요즘 들어 웰다잉(well-dying)에 대한 관심이 높아지면서 연명 의료나 호스피스에 대한 인식이 개선되고, 자기 결정권을 중시해 사전연명의료의향서를 작성하는 사람들이 늘어나고 있다. 자연히 호스피스병원237쪽 참고에 입원하는 환자들 중 자신이 말기 상태이고, 호스피스병원 입원이 무얼 의미하는지를 이해하는 경우도 늘고 있다.

　그러나 여전히 환자가 충격을 받고 치료를 포기하리라는 우려 때문에 당사자에게 절망적인(?) 상황은 알리지 않는 것이 좋다는 주장도 강하다. 환자에게 진실을 알려야 한다고 생각하던 사람들도 실제 상황에서는 적절한 때에 알리지 못하고 혼란스러워하기 쉽다. '아직은 때가 아닌 것 같아서' 의사에게 들은 정보 중 일부만 환자에게 전달하거나 정확한 상태에 대해서는 얼버무리는 것이다.

이 경우, 환자와 가족들 혹은 전문가들이 알고 있는 정보에 차이가 생기면서 서로 간의 진솔한 대화가 막힌다. 그렇게 되면 수시로 변하는 환자 상태와 간병 상황에 대처하기 어려워진다. 말을 하지 않거나 못할 뿐이지 임종을 앞둔 환자는 자신이 죽어 가는 걸 어느 순간이건 깨닫는다. 환자는 점점 나빠지는 자신의 몸 상태를 보며 상황을 짐작하거나 진실을 알아챈다. 그리고 가족과 전문가들을 불신하게 된다.

말기는 어느 때보다도 환자와 가족들 사이에 의사소통이 활발해야 하는 시기다. 불필요한 오해와 불신은 뼈아픈 결과로 이어질 수 있다. 자칫 환자가 살아온 삶을 정리할 수 있는 기회, 남겨지는 가족들에게 사랑한다고 말하는 기회를 놓칠 수도 있다

쉿, 아버지는 암인 걸 모르세요

호스피스병동에 입원한 한 환자와 그 가족들의 이야기다. 환자가 입원한 병실에 들어섰을 때 가장 먼저 눈에 들어온 광경은 한 무리의 인파였다. 환자 병상을 장성한 자녀들 열 명 남짓이 에워싸고 있었는데, 그들 사이를 헤치고 들어가야 침상 위에 앉아 계신 팔십대 남성 환자를 만날 수 있었다. 그 옆에는 자그마한 몸집의 부인이 다소곳이 서 계셨다. 코로 급식관이 삽입된 환자는 호스피스에 입원한 여느 환자들과 달리 표정이 밝았다.

"어르신, 오시느라 고생하셨습니다."

환자분에게 인사를 건네고 자녀들을 한 바퀴 둘러보며 눈짓으로 인사했다. 희망과 기대에 차 있는 환자와 달리 가족들은 모두 긴장한 표정이었다. 간호사가 행여 말실수를 할까 봐 걱정하는 것이다. 경계하는 표정으로 어색하게 웃음 짓는 자녀들 틈에서 중년 여성 한 명이 슬쩍 눈짓을 보내며 말했다.

"간호사님, 잠깐 저 좀 봐요."

환자에게는 주치의를 모시고 오겠다는 핑계를 대고 병실을 나섰다. 눈짓을 보냈던 여성이 딴청을 피며 따라 나오더니 황급히 나를 끌고 갔다. 주위에 누가 있는지 살피며 하신 말씀은 "간호사님, 저희 아버지는 암인 걸 모르세요. 절대 모르게 해주셔야 해요. 의사 선생님께도 미리 말씀해 주세요."였다. 조금 전 이상한 분위기가 단숨에 이해됐다.

환자는 위암을 너무 늦게 발견해 수술이나 항암 치료가 모두 불가능했다. 질환이 진행되면서 장이 폐색되어 음식을 전혀 먹을 수 없는 상태였다. 코에 삽입된 비위관은 음식 공급을 위한 것이 아니라 장 폐색 때문에 배출되지 못하는 위장관 분비물을 제거하기 위한 것이었다. 자세한 설명을 듣지 못한 환자는 위가 안 좋아서 일시적으로 관을 삽입했다고 여기신 듯했다. 집 가까운 곳에 전문 병원이 있다는 자녀들의 말만 믿고 입원하신 상태라 이곳에서 특별한 묘책이 있을 걸 기대하고 계셨다. 호스피스병원에 입원하면서도 호스피스가 무엇인지, 지금 자신에게 무슨 일이 일어나고 있는지 전혀 모르고 계셨던 것이다.

초기 면담에서 환자에게 말기 상태를 알리는 문제에 대해 가족들의 의견이 분분했다. 큰아들을 포함한 일부는 강하게 반대했고, 일부 알리자는 의견과 다른 가족들의 결정에 따르겠다는 의견 등등이 있었다. 이렇게 자녀들의 의견이 나뉠 경우 부인의 의견이 중요하리라 생각되었지만, 연로한 부인은 입원 상담 내내 뒷전에 서 계셨다. 가부장적인 가정 환경에서 부인은 그다지 결정권이 없이 살아온 듯 보였다. 모두 부인이 의견을 내지 않고 자녀들의 뜻에 따르는 걸 당연히 여기는 분위기였다.

다행스러운 점은 무의미한 적극적인 치료로 아버지를 고생시키고 싶지 않다는 것, 마지막 시간까지 아버지가 편안히 지내다 가실 수 있게 도움받고 싶다는 데는 이견이 없었다. 아무것도 모르는 환자는 초기 진찰이 끝나자 의사의 손을 꼭 부여잡고 "제발 잘 고쳐 주십시오"하며 희망을 잃지 않았다. 큰 병 앞에서도 최선을 다하겠다는 의지가 느껴졌다.

병실을 나와 가족들과 다시 면담을 했다. 호스피스 전문의로 수십 년 경험을 쌓은 의사는 이런 문제에 대해 단호한 입장이었다.

"당장은 저희도 자녀분들의 의견에 따르겠지만 이것은 좋은 방법이 아닙니다. 아버님의 통증은 진통제로 나아질 겁니다. 육체적인 통증이 사라지면 병이 나아지고 있다고 생각해 이제 곧 먹을 수 있겠지 하고 기대하시겠지요. 하지만 그렇지 않아요. 시간이 지나도 먹지 못하고 나아지지 않으면 그 다음에는 '이 녀석들이 나를 이런 작은 병원으로 데리고 와서 방치한다'고 생각하실 겁니다. 그 다음 수순은 저희뿐만 아니라 자녀분들을 원망하고 화를 내시는 겁니다.

아버님께 알리셔야 합니다."

자세히 설명한 뒤 주치의는 "자녀분들은 무엇이 걱정되어 환자분에게 숨기려고 하시는 건가요?" 하고 질문했다. 가족 중 사실상 의사 결정 권한을 행사하는 큰아들이 확신에 차서 대답했다.

"아버지는 워낙 꼿꼿하고 강한 분이셔서 암인 걸 알면 바로 충격을 받고 삶의 끈을 놓아 버릴 겁니다. 누구보다 저희가 아버지를 잘 알아요."

한 번의 상담으로 쉽게 마음을 바꿀 분위기가 아니었다.

환자도 안다, '내 몸이 나빠지고 있다는 것'을

입원하고 일주일 정도 지나자 환자의 심기가 매우 불편해 보였다. 물이나 음료 외에 모든 고형 음식은 금지되었고 그나마 먹은 음료들은 바로 비위관으로 흘러나오는 상태였다. 환자는 회진 중 의사에게 언성을 높이기 시작했다. "이렇게 먹는 대로 코 줄로 다 나오는데 이 병원에서는 도대체 뭘 하고 있는 거요?" 하면서 당장 비위관을 제거해 달라고 요구했다. 부인과 큰딸이 이 모습을 같이 지켜보았다. 당황하여 어찌할 바를 모르던 큰딸은 눈짓으로 회진 중인 호스피스팀을 밖으로 불러낸 후 병실 문을 닫았다.

환자 몰래 이야기하는 이런 모습이 더욱 환자의 화를 돋우는 원인이 될 수 있지만 전혀 의식하지 못하는 것 같았다. 큰딸은 "엄한 성격이긴 했지만 '의사 선생님'만큼은 하늘같이 여기시던 아버지"라고 말하며 호스피스 팀원들에게 아버지 대신에 사과했다. 요즘 들어 아버지께서 부쩍 짜증이 늘면서 자녀들에게 자주 화를 내고, 큰 병원으로 가자고 하신다는 것이다.

이미 예견된 상황이었다. 호스피스팀은 부인과 자녀들 모두 참석하는 가족회의를 소집했다. 호스피스에서는 말기 환자의 돌봄 과정 중에 가족 간 이견이나 갈등이 생기는 경우에 가족회의, 상담, 교육 등으로 가족과 함께 문제를 해결해 나가곤 한다. 가족회의에 모인 자녀들은 큰딸에게 전날 회진 중 있었던 일을 들어 알고 있었다. 모두 사태의 심각성을 이해하고 있어 입원 때와는 사뭇 다른 분위기였다.

호스피스팀은 가족들에게 "아버지의 성향, 살아오신 경험이나 배경, 가족 내 위치와 역할 등을 바탕으로 현재 아버지의 마음이 어떠실 것 같은가요?"를 질문하며 회의를 시작했다. 환자분의 입장이 되어 상황을 다시 생각하고 그 마음을 헤아려 보도록 하는 질문이었다. 예상 못한 물음이었는지 자녀들은 선뜻 답하지 못하고 서로 얼굴만 쳐다보았다. 질문의 의도를 파악하려는 듯 미간을 찌푸리며 갸우뚱하기도 했다.

가족회의를 주관한 의사는 긴 말을 꺼냈다.

"보아하니 아버님은 상당히 가부장적인 권위를 지닌 분입니다. 그런 분이 자녀들을 믿고 이곳에 입원했습니다. 그런데 큰 병원처럼 피 검사를 자주 하는 것도 아니고, 의료적인 시술을 하는 것 같지도 않아 이상하다고 느끼셨을 겁니다. 환자들은 누구보다 몸으로 직접 '내가 나빠지고 있구나.'하고 느껴요. 주어진 시간은 한정되어 있는데 아버님에게도 삶을 정리할 기회는 주셔야지요. 당장은 진실을 말씀드리면 화를 내실 수도 있습니다. 당신만 몰랐다는 생각에 화가 나시겠지요. 하지만 신심으로 용서를 구하고 왜 말을 못했는지 마음을 표현하는 것이 좋을 것 같습니다."

이어 호스피스팀은 어떤 결정을 내릴지 판단하기 전에 가족 모두 돌아가면서 속마음을 솔직하게 털어놓고 이야기해 보자고 제안했다. 평소 가부장적인 가정의 위계나 경제적인 부담 정도 등에 따라 목소리가 큰 한 사람이 의사 결정을 주도하지 않도록 하고 모두가 하나의 목표 아래 마음을 모으는 데 꼭 필요한 과정이었다.

가족들의 생각은 다양했다. 꼿꼿했던 아버지의 무너지는 모습을 보게 될까 두려웠다는 고백도, 아버지의 성격상 사실을 알고 나면 불같이 화를 낼 거라는 걱정도 있었다. 그동안 가부장적인 아버지와 솔직하게 의견을 나눠 본 경험이 없어 어떻게 대화해야 할지도 모르겠다는 것, 항상 자녀들이 의지해 온 아버지가 반대로 자신들에게 의지하는 상황이 부담스러웠던 것, 가뜩이나 많은 부담을 진 큰오빠의 의견을 존중해 주고 싶었다는 동생의 마음까지 입 밖으로 내어 놓고 보니 모두 같은 마음이었다.

각자 힘들었던 마음을 솔직히 털어놓고 이야기하는 과정에서 저절로 고개가 끄덕여졌다. 그렇게 마음을 나누고 공감하며 서로를 이해하게 되었다. '아버지가 걱정되어서……'라는 자신들의 관점을 벗어나 아버지의 입장에 서보게 되었다. 아버지가 살아오신 삶을 존중하고 남아 있는 시간이 많지 않다는 걸 생각하자 자연스레 진실을 알려 드려야 한다는 것으로 의견이 모였다.

누가 환자에게 진실을 이야기할 것인가

다음은 누가 이야기를 할지를 정해야 했다. 의사가 이야기하는 방법도 있었지만, 자녀들은 직접 아버지에게 용서를 구하고 진실을 알리기로 결정했다. 호스피스팀도 자녀들의 결정을 지지하고 말기 환자에게 진실을 알리는 몇 가지 원칙을 알려 주었다.

말기 환자에게 진실을 알리는 것은 환자가 충격받지 않도록 마음 준비를 시키는 과정부터 세심한 배려와 세련된 의사소통 기술이 필요하다. 전문가인 의사가 설명하는 편이 낫다고 생각할 수도 있지만, 이는 환자와 가족이 진심으로 사죄하고 진정한 용서와 화해에 이르는 과정이기도 하다. 좀 서툴더라도 자녀들이 그간의 불신과 분노에 대해 아버지의 마음을 달래고 용서를 구하는 것이 무엇보다 중요한 이유다.

예상대로 환자는 불같이 화를 냈다. "어떻게, 감히, 너희들이 나를 속이고……." 하며 말을 잇지 못했다. 꼴도 보기 싫다며 자녀들과 부인을 모두 병실에서 내쫓았다. 다시는 가족들을 보지 않겠다고 했다. 자녀들이 매일 면회를 왔지만 환자는 가족들을 없는 사람인 양 외면한 채 말 한마디 붙이지 않았다.

호스피스팀은 환자와 가족들을 각각 상담해 이야기를 들어 주고 힘든 마음을 함께했다. 환자는 여러 차례 "어떻게 이 녀석들이 나를 속이고……."라며 말을 잇지 못했다. "나 혼자 바보같이 나을 수 있다고 생각하며 어리석게 지낸 것이 한심스럽다."며 자책하기도 했다. 오랫동안 지켜 온 가장의 권위가 손상되어 자존심을 많이 다치신 것 같았다. 무엇보다 환자는 헛된 희망을 가지고 남아 있는 시간을 하릴없이 흘려보낸 것이 한스럽다며 탄식했다. 가족들은 환자의 박대에도 굴하지 않고 매일 같이 면회를 와서 눈물을 흘리며 용서를 구했다. 그 진심이 통했는지 시간이 흐르자 환자의 화도 조금씩 누그러졌다. 결국 임종을 며칠 앞둔 시점에 환자는 가족들을 모두 용서하셨다.

이처럼 호스피스 현장에서는 "아버지는(혹은 어머니는) 모른 채 돌아가시는 게 나아요."라는 말을 생각보다 자주 듣는다. 사람들은 노인들이나 말기 환자들이 죽음이 임박했음을 알면 좌절한 나머지 삶의 의욕을 잃기 쉬우므로 '나쁜 소식'은 알리지 않는 것이 좋다고 믿어 왔다. 취약한 상태에 놓인 사람들에게 임박한 죽음에 대해 말하지 않는 것은 의료 현장의 오래된 관행이기도 하다.

사랑하는 사람이 자신의 삶에 닥친 '나쁜 소식'을 알면 좋지 않은 이유는 평소에 마음이 여린 분이기 때문일 수도, 반대로 너무 강한 성품이기 때문일 수도 있다. 하지만 과연 이것은 '누구'의 생각일까? 진실을 알리지 못하는 이유가 정말 환자를 위한 길일까? 아니면 우리 자신이 사랑하는 사람의 죽음을 받아들일 마음의 준비가 안 되었거나 환자가 힘들게 죽음을 받아들이는 과정을 지켜보는 고통을 두려워하는 것은 아닐까?

무엇보다 먼저 환자에게 진실을 알리는 문제에 직면한 자신의 불편한 마음을 들여다보자. 두려움의 실체를 확인하고 용기를 내보자. 환자가 받게 될 상처가 두려웠다는 자신의 마음을 먼저 표현하면서 환자에게 알고 싶은지 의견을 물어보는 것은 어떨까. 이것이 환자의 삶과 결정을 존중하는, 그리고 환자의 마음을 진심으로 이해하고 보호하는 첫 단추가 될 수 있다.

진실을 전하는 태도와 과정이 중요하다

누구나 자신이 죽음에 임박해 있다는 걸 알지 못한 채 느닷없이 죽음을 맞는 상황을 비극으로 여긴다. 준비된 죽음을 맞으려면 반드시 죽어 가는 이가 자신의 죽음에 대한 진실을 알고 받아들이는 과정이 필요하다. 말기 환자를 돌보는 전문가들이 진실을 알리는 것의 중요성을 강조하는 이유다.

다만 진실을 알릴지 말지에만 매몰되어 '환자가 진실을 알게 되는 과정'에 소홀하지는 않는지 살펴보았으면 한다. 잘못된 방식으로 전해진 진실은 파괴적인 결과를 초래하기도 한다.

B는 남편이 진실을 알게 된 순간을 결코 잊을 수 없을 거라고 했다. 남편은 젊었기에 마지막까지 나을 수 있다는 희망을 놓지 않고 끝까지 치료받기를 원했다. 최선을 다해 투병하다 보면 어느 날 새로운 치료제가 개발될지 모른다고도 했다. 그렇게 나날이 발전하는 게 현대 의학이 아니냐고.

그래서 암 병동에서 떠밀리듯 호스피스 병동으로 이동할 때도 B는 차마 남편에게 더 이상 항암 치료를 할 수 없게 되었음을 전하지 못했다. 남편은 대학병원의 임상시험 약제로 항암 치료를 받기로 결정하고는 컨디션이 나빠 근처 종합병원에 입원한 상태였다. 종양내과 병동의 의사는 B에게 더 이상 항암 치료를 진행할 수 없는 상태이며 임종이 멀지 않은 것 같다며 호스피스 병동으로 옮길 것을 제안했다.

B는 지푸라기라도 잡고 싶은 심정으로 대학병원에서 항암 치료 일정을 잡을 때까지 종양내과 병동에 있게 해달라고 매달렸다. 남편의 상태가 하루하루 달라지는 것을 본 B도 항암 치료를 받지 못할 거라고 짐작했다. 그러나 인정하고 싶지는 않았다. 더욱이 호스피스 병동으로 가는 것은 죽음을 의미하는 것 같아서 받아들이기 어려웠다. 조금만 시간을 더 주면 항암 치료를 계속해 줄 병원을 찾는 등 다른 방법을 찾아보고 싶었다.

그러나 종양내과에서는 더 이상 해줄 수 있는 게 없는 환자가 종양내과 병상을 차지하는 건 환자 본인은 물론 다른 환자에게도 좋은 일이 아니라며 B를 압박했다. 결국 B는 호스피스 병동으로 옮기는 이유에 대해 남편에게 '호스피스 병동이 증상 관리를 더 효율적으로 할 수 있다고 한다'는 정도로 얼버무렸다.

남편은 호스피스 병동으로 이동한 후에도 조금만 체력을 회복하면 항암 치료를 받을 거라는 기대를 갖고 있었다. 상태가 안 좋아질수록 대학병원의 항암 치료를 빨리 받고 싶어 조바심을 냈다. 그런 남편이 어느 날 갑자기 회진을 온 의사에게 항암 치료 일정에 대해 상의하고자 했다.

B가 보기에 의사는 "아직도 그런 기대를 하고 있어요? 그런 헛된 희망 품지 마세요."하며 '호통'을 쳤다. B는 "그때 남편이 무너져 내렸다"고 말했다. 지켜보던 B가 받은 충격도 컸다. 차마 남편의 얼

굴을 똑바로 쳐다볼 수 없었다. 마음이 처참했다. 정말 그렇게밖에 할 수 없었나? 당사자의 의지나 상태를 고려하지 않고 가족과 상의도 없이 그렇게 마구잡이로?? 그 순간을 떠올리는 B의 떨리는 음성에서 켜켜이 쌓아 둔 슬픔과 분노가 느껴졌다.

충격적인 진실과 직면한 남편은 쇼크를 받고 좌절했고, 몸은 극심한 통증으로 반응했다. 갑작스런 상황 전개에 놀란 B도 혼란과 충격에 압도되고 말았다. 폭력적으로 직면한 '죽음'은 그저 감당할 수 없는 공포에 지나지 않았다. B는 스스로 준비된 상태에서 남편과 진실을 마주하고 죽음, 혹은 그 다음 이야기로 나아갈 기회를 잃어버렸다고 느꼈다. 호스피스 병동에서 환자들의 통증을 줄이기 위해 처방하는 진통제들조차 죽음의 신호 같아 꺼려졌다. 밤마다 통증으로 잠들지 못하는 남편을 위해 휠체어를 밀며 병동 복도를 거닐었다. 진통제를 맞고 잠든 환자들, 진통제만 처방하고 '해주는 것 없는' 의료진들, 병동 전체가 죽음으로 가득한 것 같았다. B에게는 남편과의 짧았던 마지막 시간이 그 그로테스크한 풍경 속에 속수무책으로 던져진 느낌으로 기억된다.

사실 의사의 입장에서는 B의 남편에게 항암 치료에 대한 미련을 버리지 못한다고 '호통을 쳤다'는 말도, 헛된 희망에 매달려 얼마 남지 않은 시간을 흘려보내지 말라는 '단호한' 조언일 수도 있다. 환자뿐 아니라 가족들도 말기 상태를 전해 듣는다고 바로 '내려놓고 받아들이는' 것은 아니다. 대개 지푸라기 같은 희망이라도 붙들고 싶은 심정이 되고 혹시나 하는 미련을 떨쳐 버리기 어렵다. 그래서 말기 환자를 돌보는 의료진의 중요하고 힘든 역할 중 하나가 환자와 가족들이 임박한 죽음이라는 현실에 직면하게끔 돕는 것이다. 그 과정에서 의료인의 '단호한 태도'가 미숙한 화법으로 전달되면 환자와 가족들에겐 아주 폭력적으로 느껴질 수 있을 것이다. 그 진실이 환자와 가족의 기대를 산산조각 내는 내용이라는 이유만으로도 충분히 충격적인 상황이기 때문이다.

호스피스 돌봄을 경험한 사별 가족들 대다수가 이런 고백들을 했다. 말기라는 사실을 알고 호스피스에 등록했지만, 통증이 조절되고 좀 편안해지면 '다시 항암 치료를 해볼 수 있지 않을까' 하고 기대하게 되더라고. 그때 "진통제가 듣는 것일 뿐 지금 상태는 좋아지는 것이 아니다. 괜한 기대로 시간을 버리지 말라."고 하는 의료진이 그렇게 야속하고 냉정하게 느껴질 수가 없더라고. 하지만 그 시간이 모두 지나고 보니 솔직하게 이야기해 준 덕분에 자칫 마지막 시간을 준비할 기회를 놓치지 않을 수 있어서 감사하다고.

어쩌면 B의 회한도 '진실 알리기'의 문제라기보다는 남편의 죽음을 쉽게 받아들이기 어려운 마음의 표현이 아닐까 싶기도 하다. 문제는 진실을 이야기하는 것 자체보다는 당사자나 가족이 그 진실을 알고 난 후 온전히 수용하기까지 겪을 충격과 고통에 대해 충분히 공감하고 지지하고 있는가에 있다는 생각이다. 그럼에도 불구하고 그 과정이 더 신중하고 인간적인 공감 속에 이루어지는 것은 중요하다.

우울할 시간도 필요하다

진실을 이야기하기로 마음을 먹고 실행하는 과정은 말처럼 쉽지 않다. 가족들이나 전문가 모두에게 엄청난 심리적 갈등과 에너지를 요구한다. 그러다 보니 '진실을 알릴 것인지' '어떻게 알릴 것인지'에 대해 집중하느라 자칫 그 다음을 놓치기 쉽다. 바로 진실을 전한 후에 환자가 받을 충격과 두려움 등 복합적인 심리적 변화와, 그것을 지켜보는 가족들이 겪어야 할 마음고생들 말이다.

그 지난한 과정에 대해서는 생략한 채 막연히 '진실 알리고 스스로 죽음을 준비할 수 있게 도와야 한다'는 당위를 말하면서 머릿속으로는 진실을 알린 후 편안하게 죽음을 수용하는 이상적인 모습을 기대하곤 한다. 그래서 힘들게 진실을 알리고 난 후 아픈 이가 심하게 충격을 받거나 우울해하는 모습을 보이면 당황하여 허둥대고 때론 후회와 자책에 빠지기도 한다. C의 경우처럼.

C의 어머니는 담낭암 말기로 복부에 삽입된 담즙 배액관이 한 개 있는 것 외에는 별다른 증상 없이 가정에서 생활하고 계셨다. 고령의 부모님만 따로 살고 계셨지만, 근처에서 사는 C가 매일 부모님 댁을 오가며 보살펴 드렸고, 지방에 사는 형제자매들도 매주 방문하고 있었다.

어머니는 거동이 불편하지 않아 일상생활에 큰 제약이 없었지만 '배에 줄을 꽂고 있다'는 이유로 심하게 우울해지셨고, 사람들을 만나는 것을 꺼리셨다. 평생 빠진 적 없던 교회에도 나가지 않았고 교회 친구들에게 자신의 상태를 알리는 것도 싫어하셨다. 평소에도

조용하신 분이 더욱 말수가 줄어들어 도대체 무슨 생각을 하는지 알
수도 없었다.

C는 이런 분이 말기임을 알면 충격을 받고 절망하실 게 틀림
없다고 생각했다. 한편으로는 어머니가 고령이고 오랜 투병 끝이니
어쩌면 쉽게 죽음을 받아들이실지 모른다는 기대도 있었다. C는 '어
머니가 자녀들과 솔직한 이야기를 나누며 본격적으로 죽음을 준비
하고자 하시면 나는 어떤 이야기를 할까' 미리 생각해 보기도 했다.

그러나 진실을 말씀드린 후에 어머니는 더 깊은 침묵 상태로 빠
져들었다. C는 그것이 임박한 죽음을 알게 된 충격과 우울의 표현이
라고 받아들였다. 평소에도 워낙에 말수가 없고 조용하던 분이긴 했
지만, C가 보기에는 병이 회복 불가능한 상태라는 말씀을 드린 이후
로 급격히 기운을 잃고 말수가 줄어들었다.

그나마 다행인 것은 끝까지 우울하게 지내던 어머니께서 임종
을 앞두고 목사님을 불러 달라고 하신 것이다. 목사님의 방문을 앞
두고는 며칠 전부터 "봉투를 준비하라"고 성화를 부리며 목사님을
맞을 준비가 빈틈없이 되었는지 꼼꼼히 챙기셨다. 그렇게 목사님이
방문하여 마지막 기도를 하고 유언을 한 어머니는 편안한 모습으로
임종하셨다. C도 어머니의 마지막을 설명하면서 "마지막에 하고 싶
은 일을 다 하고 가셨다."고 표현했다.

하지만 말기 환자들의 마지막 희망이라 여긴 '자기 통합', '죽음
수용'과 같은 상태를 경험하셨는지는 확인할 길이 없고, 돌아가시는
순간까지 우울한 모습을 보였다. 그래서 C는 평소 겁이 많고 여린
분이던 어머니께서는 진실을 모른 채 돌아가시는 편이 더 낫지 않았

을까 하는 생각을 떨치기 어렵다고 했다.

내 생각에는 진실을 알고 난 후 C의 어머니께서 보인 반응도, 그 어머니의 반응에 대해 C가 가진 회한도 자연스러운 과정이다. 임박한 죽음이라는 '진실'을 알고 난 후에 환자들은 '마음속에 지진이 일어나는 것' 같은 심리적 격동을 겪는다. 죽음을 인정하고 받아들이기까지 지속적으로 다양하고 복합적인 심리를 겪게 된다고 알려졌다. 또한 그 복합적인 감정 중에는 부정이나 분노, 우울 같은 부정적인 감정이 두드러지는 것도 사실이다.

또한 이러한 심리적 격동은 죽음을 맞이하는 당사자만 겪는 게 아니고 가족들도 유사한 심리적 과정을 거친다고 한다. '사랑하는 사람의 죽음'이라는 엄청난 상실을 받아들여야 하므로. 그런데 환자와 가족 구성원 각자가 경험하는 심리적 갈등이 다르고 상실을 받아들이는 시기가 다를 수 있어서 문제는 더욱 복잡해질 수밖에 없다.

그럼에도 불구하고 모르고 당하는 죽음보다는 슬픔과 우울의 한가운데에서라도 준비하고 맞이하는 죽음이 바람직하지 않을까 싶다. C의 어머니도 죽음이 임박했음을 아셨기에 자기 방식대로 준비한 죽음을 맞을 수 있었던 것처럼. 진실을 말씀드린 후 상태가 나빠졌다는 것은 아마도 사실이 아닐 가능성이 크다. 그것보다는 임종이 임박한 시기에 진실을 말씀드려서 그 직후에 임종 과정이 진행되는 것이라고 보는 게 더 타당한 것 같다. 다만 어머니를 쉽게 보내 드리기 어려운 자녀들의 마음이 그리 긴 회한을 남기는 것은 아닐까?

그 보호자는
왜 의료진을
믿지 않게 되었을까?

의학이 발전하고 수명이 길어진 시대에 가정간호240쪽 참고를 가다 보면 희귀병은 더 이상 희귀한 현상이 아닌 것 같다. 사고나 질병으로 전신이 마비되어 기계 호흡을 하면서 가정에서 지내는 분들을 자주 만나게 되기 때문이다.

기계 호흡을 하는 환자들은 으레 병원 중환자실에 입원한다고 생각하기 쉽지만 가정에서 지내는 분들이 생각보다 많다. 호흡을 기계에 유지해야 할 뿐 당장 치료가 필요한 다른 질병이 있는 것도 아니고 의식도 명료한데 평생을 시설이나 병원에서 생활할 수는 없기 때문이다. 이런 분들(인공호흡기가 필요하다는 이유로 환자라고 불러도 되는지 모르겠다.)을 위해 비교적 다루기 단순한 가정용 호흡기도 많이 개발되어 있다. 희귀병뿐 아니라 교통사고 등으로 기계 호흡에 의존하는 사람들이 늘어나고 있는 것은 아닐까 추측된다. 그래서 가정간호사들이 방문하는 가정에는 산소 공급 장치는 거의 기본으로 준비되어 있고, 가정용 인공호흡기를 비롯한 다양한 의료기기들이 있다.

이런 경우 흡인을 하고 장비를 조작하고 인공영양을 하는 등 병원이라면 의료인들이 했을 역할을 가족들이 해야 한다. 가족들은 그 역할만으로도 벅차서 원래 가족에게 기대하던 '보호자'의 역할까지 가능할 것 같지가 않다. 이때 가정은 마음을 알아주고 따뜻하게 지지해 주는 가족이 있는 친밀한 공간이 아니라 병원의 축소판, 아니 작은 중환자실처럼 느껴진다.

전문가가 아닌 가족이 장기간 전문가의 손을 대신하면서 생기는 문제도 적지 않다. 잘못된 처치로 합병증을 키우기도 하고, 경험에 근거한 왜곡된 자신감으로 전문가의 판단을 무시해 도움을 받아야 할 결정적 순간을 놓치는 일도 생긴다.

솔직히 간호사로서 이런 경우를 만나면 '이상한 보호자'들이 문제라고 생각했던 것 같다. 의료기관을 계속 이용하고 가정간호도 유지하면서 정작 필요할 때 말도 안 되는 이유로 전문가의 의견을 무시하고 이상한 치료에 매달리는 모순된 행동들이 이해되지 않았다.

그런데 내가 보호자 혹은 환자가 되어 여러 차례 응급실을 이용해 보니 생각이 달라졌다. 이상한 것은 보호자나 환자가 아니라 절실히 도움을 원하는 사람들에게 무관심한 우리의 태도와, 당사자들의 요구에 무지한 '시스템'일지도 모른다.

나도 반 간호사, 내 마누라는 내가 책임진다

D의 부인은 수년에 걸쳐 서서히 근육이 약해져서 죽음에 이르는 병을 앓고 계셨다. 이런 환자들은 끝내 모든 근육이 마비되어 자발적으로 호흡하기 어렵고, 종국에 가서는 기도를 절개해 인공 기도를 만들고 기계 호흡을 할 수밖에 없다. D의 부인도 기관절개관을 통해 인공호흡기를 달고 생활하신 지 거의 20년이었다.

부인은 인공호흡기를 착용한 채 눈 깜박임으로 의사소통을 하며 남편의 간병으로 가정에서 지내고 계셨다. 남편의 말씀으로는 그런 상황에서도 환자는 "어느 시기가 되면 커튼을 빨라고 하고, 어느 시기가 되면 이불을 빨라고 하면서 살림을 다 했다. 이 사람이 누워 있지만 어느 시기에 무엇을 할지, 어느 때 누가 올지 다 알고 나한테 시키는 사람"이라고 했다. D에게 부인은 누워 있는 사람이 아니었다. D는 부인이 유한한 생을 살며 언제든 마지막이 올 수 있다는 사실을 잊고 지내셨다.

그 시간 동안 D는 한 달에 한 번 기관절개관을 교체하러 방문하는 대학병원의 가정간호사를 제외하고는 누구의 도움도 받지 않고 혼자 간병을 도맡았다. '내 마누라는 내가 책임진다. 자식들이 사회생활을 하는데 지장이 있게끔 불러들여서는 안 된다'는 D의 소신 때문이었다. 두 분만 생활하는 집에서 간병에 대한 개입과 두 분의 일상에 대한 간섭의 경계가 불명확해 자녀들이 개입하기 애매한 부분도 있었다. D의 자녀들은 어머니 상태가 나빠져 간병 부담이 늘면 그때 가서 도우면 되겠거니 하며 모든 것을 아버지 뜻에 맡겼다.

D는 기관절개관을 통해 객담을 흡인해내고, 인공호흡기를 관리하고, 인공영양을 제공하고 대소변을 관리하고 욕창을 예방하기 위하여 자세를 바꾸어 주는 등 모든 일을 혼자 감당하며 '반(半) 간호사'가 되어 갔다. 그러다 낯선 장비들을 다루다가 문제가 생기거나 환자의 상태가 갑자기 바뀌어 도움이 필요할 때는 어쩔 수 없이 가정간호를 받는 병원에 연락했다. D는 전화로 조언을 듣고 문제를 해결했으면 하지만, 병원에서는 전화로 상태를 판단하기 어려우니 일단 응급실로 오라고 할 때가 많았다.

처음에는 혼비백산하여 구급차를 부르고 자녀들까지 동원하여 응급실에 갔다. 그러나 생각했던 처치만 받고 끝나는 일은 거의 없었다. 매번 응급실에서는 수없이 많은 검사를 하고 결과를 기다리면서 환자와 가족이 녹초가 될 때쯤에야 아주 조금의 처치를 받을 수 있었다. 별로 해결된 것도 없어 보이는 상태로 퇴원하거나 조금 더 처치를 받기 위해 입원해야 하는 일이 반복되었다.

그러면서 D는 웬만해서는 응급실에 가지 않게 되었다. '응급실에 가봐야 검사만 하고 해주는 것도 없다. 돈은 돈대로 들고 고생은 고생대로 한다'는 믿음이 강해졌다. 응급실을 이용하며 드는 시간과 비용도 문제였지만 인공호흡기를 가진 환자를 안전하게 이동하는 일만 해도 보통 일이 아니었다. 그때마다 달려오는 자식들도 놀랐겠지만 D의 마음고생은 말로 표현할 수 없는 것이었다. 게다가 병원에서 받은 처치로 눈에 띄는 변화가 생기는 것도 아니었고, 대개 남은 문제는 D의 몫이 되었다.

그렇게 두 분은 서로 돌보며 서서히 고령의 노인이 되셨다. 세

월만큼 부인의 병은 진행되었고 전문가의 도움이 필요한 상황이 더 많아졌다. 매번 경험하는 위험도 더 커졌다. 그에 비례해 병원에 대한 불신과 간병 방식에 대한 D의 고집도 강해졌다. D는 자신의 판단과 간병 방식에 대해 누구의 개입이나 간섭도 허락하지 않으려고 했다.

20년은 웬만한 병원 간호사에게서도 찾아보기 드문 경력이었다. 24시간을 한결같이 곁에서 돌보는 자신의 판단이 한 달에 한 번 잠깐 왔다가 어쩌다 응급실에서 몇 시간 환자를 맡는 젊은 의료인들의 전문적 판단보다 낫다고 믿는 것도 무리는 아니었다. 간병 부담이 늘어날수록 D의 태도는 더욱 완고해져서 방문하는 간호사들의 조언은 물론 자녀들의 도움도 완강하게 거부했다.

위험한 확신

D는 다른 이들의 조언을, 정작 필요할 때 도움이 못 된 사람들이 '잘 알지도 못하면서' 20년이나 해온 자신의 방식을 비난하고 쓸데없는 잔소리나 하며 부담을 주는 것으로 받아들이는 것 같았다. 한 달에 한 번 방문하는 간호사가 D의 아들에게 전화를 하는 일이 잦아졌다. 주로 아버님과 도저히 대화가 되지 않으니 아드님이 말씀 좀 드려 달라는 용건이었다. 간호사는 "무균술을 지키는 것이 중요하니 흡인할 때는 장갑을 착용하셔야 한다.""이러저러한 증상이 나타날 때는 응급 상황이니 연락하고 도움을 받으시라"는 등 간병에

필요한 정보를 드려도 D가 귓등으로 흘려버리신다고 이야기했다.

그런 얘기를 할 때마다 D는 "지금까지 이래도 아무 문제없었어. 쓸데없는 소리 마." 하시고는 그만이라고 했다. 어떤 때는 위험한 상황임에도 아버지의 반대로 병원에 이송하지 못해 다급히 도움을 요청하기도 했다. 간호사가 기관절개관을 교체한 후 부인의 저산소증이 발생한 사실을 발견했을 때였다. 기도에 문제가 있으니 급히 응급실로 가야 한다고 강력하게 권유하자 D는 불같이 화를 내며 막무가내로 간호사를 집 밖으로 내쫓았다.

간병을 대신하지도 못하는 자식들로서도 그런 아버지께 강하게 의견을 낼 수 없는 상황이었다. 홀로 간병을 해오신 기간이 장장 20년이었다. 그동안 어머니 간병은 아버지께 자식이라도 개입할 수 없는 특권 영역이 되었다. 자격지심인지 몰라도 자녀들이 간병에 대해 의견을 내려고 할 때마다 아버지에게 '네가 할 것 아니면 딴소리 마라'는 태도가 읽혔다. 그러니 간병 부담에서 한 발 뒤에 서 있는 자녀들의 발언권은 제한될 수밖에 없었다. 매번 간호사들이 아버지의 판단에 맞춰 드리며 아슬아슬하게 고비를 넘기고 있었다.

어느 날 방문한 간호사가 환자의 기도에 누공(기관식도 누공, 기관절개관을 오래 유지하는 환자들의 경우, 기관절개관의 압력 등으로 기관식도벽이 손상되어 기관과 식도 사이에 누공, 즉 구멍이 생길 수 있다.)이 생긴 것을 의심할 만한 징후들을 발견했다. 오랫동안 기관절개관을 쓰면서 환자의 호흡기 점막이 괴사된 것이다. 기관에 생긴 누공 외에도 환자의 몸 여기저기에 심각한 조직 손상과 장기 부전을 나타내는 증상들이 있었다. 환자의 신체가 심각하게 나빠지고 있었다.

어쨌든 당장 호흡을 하려면 기관절개관을 유지해야 했다. 환자에게는 특수한 기관절개관이 필요한 상황이었다. 이는 간호사가 가정에서 할 수 있는 일이 아니다. 전문 장비를 갖춘 이비인후과 의사가 해야 하고, 그러려면 환자가 병원을 방문할 수밖에 없었다. 하지만 D는 막무가내로 가정간호사가 집에서 교체해 줄 것을 요구했다. 아들의 전화도 소용없었다. D는 부인의 상태가 달라진 게 없다는 말씀을 반복하며 고집을 부렸다.

결국 간호사는 D의 요구대로 자신이 할 수 있는 방법으로 부인의 상태를 유지시켜 보려고 애쓰는 수밖에 없었다. 간호사는 부인의 상태가 꾸준히 나빠지고 있다고 했지만 D는 귀담아 듣지 않았다. "이 사람이 어느 시기가 되면 커튼을 빨라고 하고, 어느 시기가 되면 이불을 빨라고 하면서 살림을 다 했다. 이 사람이 누워 있지만 어느 시기에 무엇을 할지, 어느 때 누가 올지 다 알고 나한테 시키는 사람이다."는 말만 반복하셨다. 누가 뭐라고 하든 D는 부인이 살아 계신 분명한 징후를 자신의 눈으로 보고 계셨던 것이다.

결국 부인은 급격히 악화되어 응급실에 실려 가셨다. 그 상황에서도 D는 끝내 부인의 죽음이 임박했음을 받아들이지 못했다. 직전까지 대화하고 웃기도 했던 사람을 왜 이렇게 만들어 놓았냐며 응급실을 발칵 뒤집어 놓는 소동을 벌였다. 의료진은 기회가 있을 때마다 D의 가족들에게 '불치병이고 투병 기간이 길어진 만큼 예후가 나쁘다'고 경고해 왔다. 그때마다 D는 "내가 그동안 그런 얘기를 얼마나 많이 들어 온 줄 알아? 예전부터 그런 얘긴 수도 없이 들었어. 지금까지 괜찮았다고!" 하고 항변했다.

화가 아니라 비명이 아니었을까?

한바탕 난리를 치른 후 다 포기하신 듯 침울하게 다음을 준비하시더라는 D의 이야기를 들으면서 어쩌면 그분의 분노는 '화'가 아니라 '비명'이 아니었을까 생각했다. 학교에서 모형에 수없이 간호술기를 연습하고 들어온 신입 간호사들도 처음 사람에게 흡인할 때는 손을 바들바들 떨면서 긴장한다. 이후로도 오랫동안 돌보는 환자의 모니터 알람이 울릴 때마다 수명이 단축될 것 같은 긴장감을 경험한다.

그런데 D는 지켜봐 주는 선배도, 급할 때 달려와 줄 동료도 없는 상태에서 그런 일들을 하며 아픈 이의 생명을 지켜온 것이다. 도움을 주겠다고 찾아온 이들은 아픈 사람의 필요와 돌보는 이의 필요가 다르다는 사실을 알지 못했다. 그래서 아픈 이의 필요에 집중된 조언이 때로 돌보는 이의 고통을 더 가중시킨다는 생각을 하지 못했을 것이다.

의료인들은 가정에서도 병원에서 하는 것과 똑같은 수준의 무균술을 바라고, 병원에서 의료인들이 지키는 무균술의 원칙과 절차를 간병하는 가족들에게 '교육'한다. 가정은 전혀 다른 환경이고, 간병하는 가족도 의료인이 아니라는 사실은 간과되기 쉽다. 흡인할 때 장갑을 착용해야 한다는 사실을 20년째 '교육'하고 있는 간호사들 중 80대 노인인 D가 왜 장갑을 착용하지 않는지를 질문하고 함께 대안을 찾아볼 정도로 관심을 가진 사람은 몇 명이나 될까?

관절염으로 뒤틀린 손가락 때문에 라텍스 장갑을 끼는 것은 불가능하고, 비닐장갑은 미끄러워서 그렇지 않아도 둔한 손가락의 움직임을 어렵게 해 흡인을 제대로 해낼 수 없게 했는지도 모른다. 어쩌면 하루에도 열댓 번씩 사용하고 버리는 장갑 비용이 아까웠을 수도 있을 것이다. 하지만, 대개 노인들은 그런 구구절절한 사연들을 자녀들에게도 털어놓지 않는다. 오래 친분을 쌓고 신뢰하는 전문가들이 아니라면 더더욱 그런 사정까지 말하기보다는 그들의 말을 무시하는 편이 더 속 편했을 것이다.

전문가들의 입장에서도 답답하기는 마찬가지다. 곁에서 지켜보면서 그때그때 환자 상태를 판단하고 예측하여 대비할 수 있는 상황이 아니다. 자연히 치료에 앞서 정확한 상태를 파악하기 위해서라도 자꾸 환자를 병원으로 불러들일 수밖에 없다. 특별히 변한 것도 없는 환자를 퇴원시키면서도 저렇게 아무런 지지 체계 없이 퇴원시켜도 괜찮을까 마음이 불편하다. 만성 질환은 지속적인 관리가 중요한데 환자 상태가 계속 나빠지는 것을 뻔히 눈으로 보면서도 응급조치가 끝나면 다시 한 번 자기 관리의 중요성을 강조한 후 퇴원시켜야 한다.

물론 여태까지도 자기 관리를 하지 못한 환자나 가족이 갑자기 변하지는 않을 것이다. 머지않아 똑같은 문제, 혹은 조금 더 심각해진 상태로 재입원하리라는 예감을 하면서도 다른 방법을 알지 못하니 무력감만 쌓인다. 이런 과정이 전문가나 병원에 대한 불신을 키우며 환자, 보호자와 의료진의 관계를 악화시켜서, 필요한 도움을 제때 청하고 제공할 자그마한 가능성마저 차단하는 악순환이 벌어지는 것이다. 그래서 20년 동안 자기 삶의 전부를 차지했던 부인의 병과 죽음 앞에, 보람이자 부담이던 간병의 끝에 서 계신 D의 모습이 그렇게나 외롭고 위태로워 보였을 것이다.

'가정 입원'에 함께해 줄 전문가가 있었으면

오랫동안 간호사로 일하면서 내가 배운 이상적인 간호와 현실 사이의 간격을 경험하며 이런 상황이 불가피한 것이라고 조금은 체념했던 것 같다. 나이 들고, 병들고 죽어 가는 존재로 태어나 그런 존재들을 사랑하고 보살피며 살아가야 하는 인간의 숙명 같은 것이라고. 그런데 두 차례 쿠바를 방문하여 가족 주치의-간호사들이 일하는 현장을 견학하면서 다른 가능성을 본 것 같다.

쿠바의 가족 주치의-간호사 팀은 지역에서 주민 1000여 명의 건강을 관리하고 있었는데, 진료소로 찾아온 환자들을 보고 가정 방문을 한다. 그런데 진료소에서 방문 환자를 진료하던 의사가 중간에 전화를 받더니 환자를 두고 혈압계를 챙겨 들고 급히 나갔다 오는 일이 자주 있었다. 가정에 있던 환자의 상태가 변했다는 연락을 받고 가정 방문을 갔다 오는 것이었다. 진료를 받던 환자들도 익숙한 일인 듯 아무런 불평 없이 기다렸다.

어느 날은 진료소에 이웃한 집의 환자에게 응급 상황이 발생했는지 의사가 방문을 가서 돌아오지 않았고, 좀 있다가는 간호사까지 불려 갔다. 조금 있다 환자의 가족 중 한 명이 집 앞에 나와 목을 길게 빼고 길 쪽을 쳐다보고 있었다. 얼마 안 있어 의사와 간호사까지

나와 초조하게 무언가를 기다리는 모습이 아무래도 앰뷸런스를 부른 모양이었다. 그렇게 15분 정도 지난 후에 앰뷸런스가 도착했고, 의료진의 지휘 아래 안전하게 환자를 이송했다.

그때 우리는 얼결에 닫힌 진료소 문 앞에서 찾아오는 환자들에게 이웃의 환자 상태가 나빠져 의사와 간호사가 모두 불려 갔다고 대신 설명하게 됐다. 왜 예고도 없이 의사와 간호사가 모두 자리를 비워서 헛걸음을 하게 했냐고 불평하는 사람은 없었다. 가족 주치의 - 간호사의 업무 가이드라인에는 진료소에서 우선적으로 의료적인 관심을 두어야 하는 대상 중에 '가정 입원' 환자들이 포함되었다. 아마도 병원에서 퇴원한 후 관리가 필요한 환자나 가정에 있는 말기 환자들을 지칭하는 것 같았다.

'가정 입원'이라는 표현은 집에 있지만 병원에 있는 것과 마찬가지로 전문가의 도움이 필요한 상황을 강조하는 의미가 있다고 생각된다. 그래서 퇴원 후 관리를 책임질 가족 주치의는 담당 구역의 주민이 입원하게 되면 주기적으로 병원을 방문하여 담당의와 상태를 의논하며, 병원의 담당의는 가족 주치의와 상의하지 않고 환자를 퇴원시킬 수 없다.

환자나 가족 입장에서 보면, 어떤 상태이건 퇴원이 결정되면 가족 주치의 주도 하에 환자가 가정에서 지내는 데 필요한 모든 준비가 이루어진다는 말이다. 환자와 가족들이 온갖 시행착오를 거쳐 자신들의 필요를 깨닫고 입소문과 인터넷 검색에 의지해 필요한 서비스를 찾아가야 하는 고통을 겪을 필요가 없다는 뜻이기도 하다. 그리고 환자 상태가 변할 때 어떤 도움이 필요한지 전문가의 판단을 따름으로써 그 결정에 대해 회의하고 자책하는 일 또한 겪지 않아도 된다.

가족 주치의 – 간호사 팀이 자신 있게 이런 일을 할 수 있는 것은 장기간 한 지역에서 근무하면서 그 가족과 지역 사람들과 맺어 온 친밀한 관계 덕분이 아닐까 싶다. '주치의 제도'라는 이름이건 '의료 생활협동조합'이라는 이름, 혹은 다른 이름의 제도이건 간에 D의 가족 같은 분들에게 실질적인 도움이 되려면 지속적으로 관계 맺으면서 시시때때로 변하는 환자의 상태와 가족의 필요를 정확하게 파악하고 실시간으로 도움을 줄 전문가들이 가까이에 있는 시스템이 필요하다.

대학병원이나 동네 의원에 근무하는 의료인의 입장에서도 내 손을 떠나는 환자와 가족들을 인계할 믿을 만한 전문가가 있다면 훨씬 업무의 만족도도 높고 마음도 편할 것 같다.

아픈 이의 스트레스는
보호자에게,
그럼 보호자의 스트레스는?

생애 말기 환자가 있는 가정을 생각할 때면 자연스럽게 '사랑하는 이와의 사별 앞에서 애틋한 마음으로 서로 최선을 다하는 가족들'을 상상하곤 했다. 그런데 막상 가정간호^{240쪽 참고}에서 마주치는 현실은 너무 달랐다. 아픈 이는 잔뜩 찡그린 얼굴로 곁에 있는 사람에게 짜증을 내고, 돌보는 이는 돌보는 이대로 환자에게 화가 나 있다. 지친 얼굴의 가족들과 환자가 방문객들 앞에서 큰 소리로 다투며, 쌓인 감정을 터뜨리는 경우도 자주 보았다.

위기에 처한 환자가 조절되지 않는 여러 증상과 죽음에 대한 공포에서 비롯되는 다양한 심리적 격동에 시달리면서 부정적인 감정을 가장 가까이에 있는 이들에게 투사하기 때문이다. 주로 24시간 환자 곁을 지키며 간병하는 가족이 그 대상이 된다. 평소 권위적이고 자기중심적인 사람은 말할 것도 없고, 다정하고 참을성이 많던 사람도 고통 앞에서는 옆에 있는 사람을 배려할 여유가 없어진다. 그래서 가부장적 관계인 부부 중 남편이 환자이고 여성 배우자가 간병을 전담할 때 가해지는 스트레스는 '학대'라는 말 외에 달리 표현할 수 없는 경우도 있다.

환자의 불안은 분노로 표현된다

P의 남편은 만성폐쇄성 호흡기질환의 말기로 가정에서 부인과 둘이 생활했다. 호흡 곤란으로 간간이 안면 마스크로 산소 호흡을 하지만 대체로 혼자 움직이며 일상생활을 할 수 있는 상태였다. 남편의 상태가 오랜 시간에 걸쳐 서서히 나빠졌기 때문에 P가 간병을 전담하는 과정도 자연스러웠다. 삼시 세끼를 챙기고 청소하고 가사 노동을 하고 남편의 수발을 드는 일상이 변함없이 유지되었다. 남편이 조금씩 더 허약해지고 예민해지는 과정도, 그에 따라 늘어나는 P 노인의 부담도 다른 사람의 눈에는 잘 보이지 않았을 것이다.

그런데 남편은 조금씩 심해지는 호흡 곤란으로 인해 매 순간 죽음에 대한 불안과 공포를 경험하고 있었다. 다혈질이고 급한 성격이 더욱 심해져 조그만 일에도 짜증을 내고 걸핏하면 불같이 화를 냈다. 흥분하여 화를 낼 때면 파랗게 질린 입술로 헐떡거리는 모습이 당장이라도 숨이 넘어갈 것 같았다. 그때마다 P는 정신없이 산소 호흡기를 찾아 들고 남편의 호흡 곤란을 가라앉히려고 애를 썼다.

하지만 효과는 생각만큼 빨리 나타나지 않고, 그러면 남편은 마스크를 벗어던지며 더 심하게 화를 냈다. P가 보다 못해 "이거라도 해야 숨찬 게 덜할 게 아니냐."고 한마디를 하면 남편은 "알지도 못하면서!!"하며 눈을 부라리고, 심하면 험한 말과 손찌검이라도 할 것처럼 난폭하게 굴었다. 호흡 곤란과 불안이 화를 부르고 화를 낼수록 호흡 곤란과 불안이 심해지는 악순환이었다. 뚜렷한 이유가 있는 분노가 아니었으므로 딱히 해결책이 없었다.

　시간이 지날수록 남편의 불안과 짜증도 심해졌다. 그렇게 심하게 화를 내는 이유도 분명하지 않을 때가 많았다. 어느 날 간호사가 방문했을 때 남편은 초조하게 방 안을 왔다 갔다 하면서 숨을 씩씩 몰아쉬고 있었다. 간호사가 남편에게 다가가며 "왜 그러세요?"하고 말을 건넸다. 남편은 "왜 그러긴 뭘 왜 그래!! 그딴 소리할 거면 당장 가요!"하며 펄펄 뛰듯 화를 냈다. 당황한 간호사도, P도 범접할 엄두를 낼 수 없었다. 아무리 눈치를 살피고 비위를 맞추려고 애를 써도 이유를 알 수 없는 분노에는 대책이 없었다.

　남편은 식사부터 약 챙기는 것, 산소 호흡기 치료를 돕는 일 등 하나부터 열까지 짜증을 내며 부인 탓을 했다. 하루 종일 살얼음판을 걷는 것 같은 일상이었다. 그렇다고 식사나 약 복용을 거르는 남편을 그냥 내버려 둘 수도 없었다. 팽팽한 긴장감 속에서 남편의 기색을 살피고 달래 가며 먹고 마시고 씻는 일, 각종 치료 일정을 챙겼다. 남편은 그나마 낮에는 깜빡깜빡 잠들기도 했지만 밤이면 한숨도 자지 못하고 사람을 들볶았다. 밤마다 불안도 호흡 곤란도 심해졌다. 행여 옆에 있는 사람이 잠들까 봐 겁을 내는 것 같기도 했다. 덩달아서 P도 밥을 굶고 밤을 새우는 날들이 많아졌다.

죽을병만 아닐 뿐 나도 환자

가정에서 만나게 된 간병 가족, 특히 여성 배우자들은 대개 한꺼번에 간호사, 간병인, 주부, 때로는 가장의 역할까지 감당하고 있었다. 먹고 잠자는 기본적인 욕구를 아픈 이에게 맞춰 살면서 전문적인 처치와 간병, 가사 노동을 하고, 손자나 부모 세대의 다른 가족을 돌보기까지 한다. 철저하게 고립된 상태에서 홀로 가혹한 정신적, 신체적 부담을 지느라 그들 자신이 질병을 가진 환자인 경우도 많다.

P의 사정도 마찬가지였다. 좁은 집에서 환자에게 맞춰 식사를 준비하고 환자와 함께 식사하다 보니 환자가 먹지 못하는데 P라고 양껏 먹을 수가 없었다. 환자를 위한 음식이 맞지 않아도 '나 먹자고' 따로 식사를 준비할 여력도 없었다. 몸도 성치 않아 아픈 곳도 한두 군데가 아니었다. 관절염이 심하고 시력이 나빠 거동도 많이 불편했다.

하지만 '죽을병에 걸린' 남편의 상태에 비하면 자신의 병과 불편감은 소소한 축에 들었다. 자연히 병원 진료나 검사도 뒷전으로 밀려났다. 통증이 심할 때면 큰 병원에 가서 치료를 받고 싶은 마음도 생겼지만, 차마 자녀들에게 말을 꺼낼 수 없었다. 직장 생활을 하는 자녀들은 아버지의 병원 치료 일정을 맞추기도 벅찼다. 남편의 곁을 비울 수 없을 뿐 아니라 80대인 P가 자녀의 도움 없이 혼자 큰 병원을 갈 수도 없었던 것이다.

간호사는 아들에게 연락하여 P의 상태가 위험하니 간병인이나 요양보호사의 도움을 받도록 권유했다. 자녀들 역시 그걸 원하고 기꺼이 비용을 부담할 의사가 있었다. 자녀들은 모두 직장 생활을 하고, 집도 떨어져 있어서 주말을 제외하고는 간병을 맡아 줄 형편이 아니었다. 하지만 부모님, 특히 아버지가 원치 않는다고 했다. 워낙 아버지가 불같은 성품이라 자녀들이 다시 말을 꺼내 볼 엄두를 못 내고 있었다.

　　P도 처음에는 좁은 집에 간병인까지 오는 것이 서로 불편할까 걱정했다. 간호사는 역할을 잘 나누면 간병인이 오는 시간에 부인은 외출할 수도 있고, 다른 방에서 쉴 수도 있으니 별 문제가 되지 않을 것이라고 설명했다. 그러자 P는 "그렇게 되면 나야 좋지. 그런데 저 양빈이 그리자고 해? 이림도 없지." 히시는 것이다. 그동안에도 자녀들이 간병인을 알아보자고 제안했었고, 그때마다 환자는 "뭐 할 게 있다고 돈을 쓰냐.", "불편하게 어떻게 내 집에서 다른 사람과 함께 있냐."며 말도 못 꺼내게 했다는 것이다. 대체로 사람들은 환자가 와상 상태여서 대소변의 처리를 도울 정도가 아니면 간병하는 이의 부담을 실감하지 못하는 경향이 있다. 어쩌면 항상 같이 지내는 환자는 이 부담을 알고 있을 것이다. 하지만 자신의 불편과 고통이 급해서 가장 편하고 만만한 부인의 손길을 다른 사람이 대체하는 걸 용납하기 어려운 것이다.

　　결국 간호사는 "지금은 환자도 부인도 훨씬 더 힘들어진 상황이니 가족들이 의견을 모아 적극적으로 설득하면 마음을 바꾸실 수도 있다. 먼저 자녀들과 의논해 보고 기회를 보아 환자분께도 말씀 드려 보자."고 P를 다독이며 방문을 마쳤다. 다음 방문 전까지 전화 상담을 계속하면서 이 가족이 요양보호사의 도움을 받을 수 있도록 의사 결정을 지원할 생각이었다.

그러나 다음 방문일이 되기도 전에 환자의 불안은 조절이 불가능할 정도로 심해졌다. 공황 상태에 빠진 환자는 발작적인 호흡 곤란을 호소하며 여러 차례 응급실로 이송되었다. 환자의 응급실행이 반복되자 자녀들이 금요일 퇴근 후부터 월요일 출근 전까지 부모님 집에서 함께 지내며 간병했다. 자녀와 함께 지내는 시간이면 환자는 안정되어 호흡 곤란을 호소하는 빈도가 줄었다. 밀린 잠을 보충하듯 숙면을 취하기도 했다.

상대에 따라 달라지는 환자의 태도

그러나 P의 입장에서는 별로 나아진 게 없는 상황이었다. 남편이 부인과 단둘이 지내는 평일을 더욱 두려워하며 호흡 곤란을 심하게 호소했고, 구급차를 부르는 횟수가 늘어난 것이다. 환자는 "응급실에 가도 해주는 것은 없지만, 죽을 것처럼 불안하니까 안 갈 수가 없다."고 했다. 그러면서 자신의 요구를 "빨리빨리, 알아서 해결해주지 못 한다"며 사람들 앞에서 대놓고 P를 비난했다.

첫 방문 때부터 P는 지친 기색이 역력했다. 그래도 남편의 짜증과 분노를 무릅쓰고 "선생님들이 시키는 대로 하시라"며 실랑이를 벌이기도 하고, 간호사가 남편과 대화할 때면 열어 놓은 방문 앞에서 찬거리를 다듬으며 남편의 대화에 귀를 기울였다. 아무리 남편이 짜증을 내도 간호사 앞에서는 웃는 얼굴을 하려고 애를 쓰셨다.

그러나 시간이 갈수록 P는 표정을 잃어 갔고, 간호사가 있을 때 앉는 자리가 조금씩 환자에게서 멀어졌다. 환자 방의 문턱 바로 앞에서 거실로, 조금 더 주방 쪽으로 이동하시더니 어느 날부터는 아예 옆방으로 옮기셨다. 문을 열어 두긴 했지만 웬만해서는 나와 보지도, 환자 방에서 나는 소리들에 반응을 보이지도 않으셨다. 그 완강한 무반응은 잠시라도 날 좀 내버려 두라고, 이야기 소리도 듣고 싶지 않다고 말하는 것 같았다.

남편과 떨어진 상태로 면담을 했을 때 P는 끝을 알 수 없는 이 상황이 답답하다고 토로했다. 아무도 자신의 어려움을 알아주지 않고, 속내를 터놓을 곳도 없다고 했다. 남편은 물론이고 자녀들에게도 자신의 사정을 다 말할 수 없었다. 그렇지 않아도 힘든 자녀들에게 더 부담을 주고 싶지 않았다. 한편 자신의 고충을 알아주지 못하는 자녀들에 대해 원망스러운 마음도 감출 수 없었다. P는 "주말에는 자기들이 다 한다고 나보고는 신경 쓰지 말고 쉬라는데, 아무것도 모르는 소리지. 삼시 세끼 환자 입맛에 맞춰 이것저것 해대고, 거기다 걔네들 먹일 것도 준비해야지. 툭하면 '뭐는 어디 있나, 이거는 어떻게 하냐.'고 엄마를 찾아 대지. 그렇다고 어디를 나갈 수가 있나, 도움은 안 되고 힘만 들어."라고 하소연했다.

남편은 자녀들을 대하는 태도와 부인을 대하는 태도가 달랐다. 게다가 P와 있을 때만 증상이 심해져 P의 이해받지 못한다는 느낌을 더욱 가중시켰다. P는 자녀들이 자신의 말을 마치 거짓말인 양 액면 그대로 믿어 주지 않는 느낌이라고 했다. "아들이 있을 때는 잠도 잘 자던 양반이 아들이 떠나기가 무섭게 깨어서 숨이 차다고, 응급차 부르라고 난리를 치는데 속 모르는 아들들은 지 아버지처럼 순하게 병치레하는 분이 어디 있냐"고 오해를 한다는 것이다.

그나마 남편이 병원에 입원해 있을 때는 같은 처지의 다른 보호자들과 이야기하다 보면 위안이 되었으나 지금은 남편이 다른 사람들의 방문을 꺼려 가족 외에 다른 사람을 만날 기회도 없었다. P는 자신도 숨 쉴 틈이 있어야 하지 않겠냐고 하면서 쌓인 감정을 폭포처럼 쏟아 내셨다. 그러면서 '이러다 내가 먼저 어떻게 되는 건 아닐까?' 하는 생각이 들고, 때론 차라리 내가 먼저 죽었으면 할 때도 있다고 토로했다.

그런 상황에서 환자는 상태가 더 나빠지자 귀찮다며 간호사의 방문도 거절해 버렸다. 평일에도 자녀들이 퇴근 후 밤 시간에 간병을 맡아 주기로 했다며 그 전날에는 응급실을 두 번이나 다녀왔다는 전화 통화를 마지막으로 연락이 끊겼다. 아마도 남편이 급격히 악화되어 임종에 이르는 경로를 밟고 있어 온 가족이 경황없는 시간을 보내고 계실 것으로 짐작되었다.

내 이야기는 누가 들어 주나?

가정에서 만난 가족들에게 간병은 끝이 보이지 않는 싸움이었다. 아픈 이에게 오늘내일 무슨 일이 생길 수도 있고, 아픈 이의 질병이 악화와 호전을 반복하면서 간병 기간이 10년 넘게 이어지는 경우도 많다. 그러나 그 긴 시간을 응급 상황에서 살고 있는 돌보는 이들의 고통은 중병을 앓는 환자의 요구에 가려져 보이지 않는다.

중병을 앓는 이가 있는 가정을 방문하면 오랜만에 속내를 터놓을 상대가 생긴 아픈 이와 간병 가족이 서로 자기 이야기를 하고 싶어 경쟁 아닌 경쟁을 하는 슬픈 광경도 자주 본다. 아픈 이에게 우선권이 주어지는 것은 두말할 필요도 없다. 어쩌다 돌보는 이가 이야기할 기회가 생겨도 자신의 이야기가 아니라 '아픈 이의 이야기만' 할 것을 요구받는다.

그래서 방문 중에 남편을 간병하는 부인이 자기 이야기를 하면 옆에서 자녀들이 "엄마, 이분들 바쁜 분들이에요. 아버지 이야기만 간단하게, 응?" 하고 말리는 모습도 자주 본다. 늘 시간에 쫓기면서 일하던 병원에선 참 고마운 말이었다. 내가 어머니께 자주 하던 말이기도 했다. 그래서 "아유, 아니에요. 저희 시간 많아요. 어머니도 이야기할 곳이 있어야 하고 도움이 필요하답니다. 그러려고 저희가 오는 거예요." 하는 말은 별로 힘이 없다. 머쓱하게 말을 멈추고 물러서는 이들의 표정이 참 슬프다.

그런데 우리는 너무도 당연하게 그들의 고통을 돌봄을 받는 이의 고통보다 뒷전에 두는 것이다. 이건 마치 의료인이 부족한 응급실에 먼저 온 환자가 심폐 소생술을 하고 있기 때문에 뒤에 온 응급 환자를 못보고 내버려 두는 걸 당연시하는 것과 다를 바 없다. 이럴 때는 늦게 온 환자가 알아서 잘 버텨 주기를 기대하는 것이 아니라 인력 충원 등 시스템을 바꾸어야 하는 것처럼, 가족도 다른 서비스를 적극 활용하면서 '간병인'이 아니라 '가족'의 역할에 충실한 것이 이상적이지 않을까 한다.

간병하는 가족은 아픈 이와 함께 위기를 겪는 사람들이고, 가장 많은 돌봄이 필요한 이들이기도 하다. 직접 간병 노동을 하지 않고 있더라도 중병으로 배우자나 사랑하는 이를 잃을 수 있는 상황 자체가 엄청난 스트레스이고 삶의 위기인 것이다.

그래서 호스피스, 노인 돌봄 영역에서는 돌봄의 대상이 가족까지 확대되어야 한다고 강조하며, 여러 가지 가족 지원 프로그램을 제도적으로 마련하고 있다. 그런데 무엇보다 중요한 것은 간병 가족들의 이야기를 들어 주고 그 마음을 이해해 줄 수 있는 사람이다. 많은 간병 가족들이 같은 처지에 있는 '다른 간병 가족들'과 만나 이야기를 나눈 경험이 큰 도움이 되었다고 말한다. 그래서 전문가들이 같은 처지에 있는 이들끼리 서로 도움을 줄 수 있는 자조(自助) 그룹을 만들기도 한다.

그런데 고려할 점은 그런 모임이 있어도 주변의 특별한 관심과 도움이 없으면 고령의 간병 가족이 혼자 모임에 갈 수 없다는 것이다. 설사 홀로 찾아갈 수 있는 젊은 사람이라고 해도 혼자 노력으로는 참여할 틈을 만들 수 없다. 그렇기 때문에 간병 가족이 상담이나 자조 모임에 참여할 수 있도록 주변의 지지와 관심이 필요하다.

가능하다면 가까이에 있는 간병 가족 모임을 소개하거나 등록을 도와주고, 그러기 어렵다면 내가 그 이야기를 들어 주고 마음을 헤아려 주는 이웃, 친구가 되어 보면 어떨까.

간병 가족들의
동상이몽

주변 친지들의 문병을 가면 어르신들이나 그 자녀분들에게 우리 부모님 혹은 형제자매들을 부러워하는 말들을 자주 듣게 된다. 형제자매들이 많으니 부모님께서는 중병을 앓는 일이 생겨도 번갈아 간병할 수 있어 덜 힘들지 않겠느냐는 것이다. 그런 말들을 들으면서 부모님께서 편찮으시면 당연히 형제자매들이 교대하며 간병하는 모습을 상상하고 부모님의 노후, 나와 형제자매들의 간병을 예상하며 대비하고 있었다(고 생각했다).

그런데 사람이 나이 들고 병들어 가는 과정은 너무 자연스러운 것이어서 어느 순간부터 나와 부모님의 돌봄 관계에 역전이 일어났는지는 불분명하다. 아흔의 부모님께선 아마 오늘도 우리를 걱정하면서 돌보고 계실 것이고, 우리는 우리대로 매일 전화로 안부를 물으며 부모님을 돌보고 있다고 생각하니 부모 자식 사이의 돌봄 관계에 애초에 그런 역전이 가능한 것인지도 잘 알 수 없다.

분명한 것은 형제자매들이 많다고 하여 간병이 수월할 거라는 사람들의 짐작이 경우에 따라서는 아주 틀린 말이 될 수도 있다는 것이다. 부모님 간병이라는 상황에서 많은 형제자매가 변수로 작용할 가능성이 훨씬 크다.

형제자매들은 부모님이라는 하나 혹은 두 개의 중심을 각기 다른 방향에서 바라보면서 각자의 방식대로 관계 맺은 존재들이다. 부모님과의 과거 관계가 다르고, 부모님의 상태에 대한 이해나 받아들이는 태도, 남은 시간에 대한 기대도 모두 다를 수밖에 없다. 때문에 가족들이 지난한 대화를 거쳐 간병 시작부터 서로 의견 차이를 인정하고 수용하는 태도를 분명히 하지 않으면 간병은 가족들이 사사건건 부딪치는 다툼과 갈등의 원인이 될 수 있다.

주 보호자, 일상과 간병의 경계가 사라지며

평생을 통풍으로 고생하셨던 G의 아버지께선 연세가 들자 신장 기능이 떨어지면서 입원을 자주 하셨다. 가벼운 치매 증상도 있었지만 어머니가 함께 계시고 오빠 부부도 가까이에 살고 있어 크게 걱정할 것이 없어 보였다. 가끔 입원이라도 하시게 되면 지방에 거주하는 G도 당번을 나누어 맡았고, 평소에는 두 달에 한 번 꼴로 돌아오는 주말 당번 때에 맛난 식사를 대접해 드리거나 모시고 야외로 바람 쐬러 나갔다. 그것으로 충분한 줄 알았다. 자연스레 자식들이 부모님 댁을 방문하는 횟수도 많아졌고, 식사 모임이나 가족 나들이, 혹은 가족 여행의 빈도도 늘어났기 때문이다.

　부모님과 함께하는 시간이 많아지자 잠깐씩 들렀을 때는 보이지 않았던 것들이 G의 눈에 띄기 시작했다. 아버지께선 스스로 식사하고 화장실을 가는 정도로 일상생활이 제한적이었는데, 아버지께서 음식을 흘리시거나 사레가 들려 기침을 하시면 어머니가 민망할 정도로 심하게 타박하셨다. 더 심해지면 큰 소리로 "아니, 그것도 못하냐." "아이고, 또! 또!" 하며 거칠게 역정을 내시기도 했다. 그럴 경우 아버지께선 실수하지 않으려고 안간힘을 쓰지만, 위축되어 오히려 더 실수하게 되는 것이다. 어머니의 거친 역정이 주말 당번으로 오는 자녀들에게 하는 격한 하소연이있음을 그때는 알아채지 못했다.

　평생을 존경받는 아버지로 살아오신 분의 그런 모습은 본인은 물론 지켜보는 자식들에게도 상처가 되었다. 그때마다 딸들은 다정다감하지 않은 어머니의 성품을 탓하거나 아버지께서 마음을 다치셨을까 살피느라 바쁠 뿐 다른 생각을 할 틈이 없었다. 평소 기억이 오락가락하고 가끔씩 헛소리를 하시는 아버지를 보면서도 '우리 아버지는 아직 괜찮아, 저 정도면 별 문제 없어' 하고 생각했었다. 가까이에서 아버지를 돌보는 어머니나 오빠 부부의 거듭되는 걱정과 염려도 간병의 어려움을 호소하는 말 정도로 대수롭지 않게 넘겼다. 어쩌면 아버지 상태가 위중하다는 사실을 받아들이기 두려워 무의식중에 회피한 것인지도 모르겠다.

　그런데 어느 날부턴가 아버지의 몸 여기저기에 하나둘 상처가 생기기 시작했다. 어떨 땐 손톱으로 할퀸 듯, 어떨 때 꼬집은 듯 보이는 상처들이 꼭 어머니의 폭력을 고자질하는 것 같았다. 긴가민가 하던 마음에 "아버지, 여기 왜 이래요? 엄마가 꼬집었어요?" "누가 할퀴었어요?" 여쭈면 아버지는 아니라고만 하실 뿐 분명한 이유를 대지 못하셨다. 의심만 깊어졌다. 사실 그간 가볍게 치부하던 어머니의 하소연들이 있었다. 힘에 부치는 간병과 점점 나빠지는 아버지 상태에 대한 불안감. 그 반복적인 하소연들에는 지친 어머니의 마음이 담겨 있었다. 아버지 몸의 상처들을 보고 나니 더 이상 모른 척할 수 없었다.

시급한 대책이 필요하다고 느낀 형제자매들과 배우자들까지 모두 모여 가족회의를 했다. 평소 지병이 많으신 어머니도 돌봄이 필요하지만 우선은 아버지와 분리할 필요가 있었다. 생각해 보면 그때 이미 어머니도 수시로 병원을 오가시면서 돌봄이 필요한 노인이었다. 그럼에도 불구하고 아버지의 병에 비해 가볍다는 이유로, 혹은 일생 동안 해온 어머니의 돌봄 노동이 너무 익숙하고 당연해서 미처 그걸 깨닫지 못했을 뿐이다.

간병을 '무척 특이한 일'로 여기는 다른 가족들

어머니는 주말 당번을 유지하면서 아버지를 요양병원으로 모시는 것을 제안하셨다. 어쩌면 자녀들에게 부담을 주지 않으려는 마음이 진심을 앞섰던 건지도 모른다. 그 마음을 짐작하면서도 G는 어머니의 제안이 못내 서운했다. 그렇다고 다른 대안이 있는 것도 아니었다.

발 넓은 형제자매들의 정보력으로도 마음에 드는 요양병원을 찾지 못했다. 가족들이 자주 찾아뵐 수 있는 가까운 곳에, 적절한 비용으로, 마음에 드는 좋은 돌봄을 기대할 수 있는 곳은 없었다. 시급하게 결정하고 해결해야 할 문제인데 뾰족한 대안은 없고, 서로의 사정을 가늠하면서 '이렇게 많은 자녀가 무슨 소용인가?' 하는 자괴감만 깊어 갔다. 육 남매와 배우자들, 장성한 손자들까지 평소 모두 부러워하는 북적북적한 집안이었지만 누구 한 사람 '노는' 이가 없었다.

나시 모인 형세자매들의 회의는 무거운 침묵 속으로 빠져들었다. 누구도 선뜻 내가 모시겠다고 나설 수도, 네가 모시라고 권할 수도 없는 막막한 시간이었다. 긴 침묵이 흐른 끝에 간호사인 G가 지방에 있는 자신의 집으로 아버지를 모시겠다고 제안했다. 형제자매들은 G에게 무척 고마워하면서도 마음이 편치 않은 눈치였다.

아버지를 집으로 모시기 위해 환한 거실에 아버지 침대를 마련하고 대대적으로 가구 배치를 바꾸고 있던 어느 날, 큰언니에게서 전화가 왔다. "아무리 생각해도 이건 아닌 것 같다. 형제자매가 다 같이 나누어 돌봐 드리는 것이 좋을 것 같아. 급할 때 병원 오고가는 것도 서울이 수월할 것 같고……." 가족회의를 끝낸 후에도 형제자매들의 고민이 깊었음을 알 수 있었다. 아버지를 모시기로 결심했지만 여러모로 녹록치 않은 사정에 G도 심란하기는 마찬가지였다.

그렇게 책임감 강한 큰언니도 스스로 화장실에 가실 수 없을 정도로 쇠약해진 아버지를 집에서 모시자는 G의 제안에는 화들짝 놀라 손사래를 쳤다. G가 아버지께선 병원에 입원해도 나을 병이 아니라고, 계속 집에서 자식들이 돌아가면서 아버지를 돌보자고 제안했을 때였다. "나는 못해! 그걸 어떻게 해?" 무섭다고도 했다. 어쩌면 가장 솔직하고 자연스러운 반응이었다. 여태껏 다정하고 살뜰히 관계 맺어온 아버지라고 할지라도 성인 남자 어른이었고, 기저귀를 갈아야 한다는 건 그런 분의 맨몸을 대하는 일이었다. 딸들에게도, 아버지께도 불편하고 고통스런 시간이 될 수 있었다.

간호사인 G와 달리 형제자매들에게 와상 상태의 아버지를 간병하는 일은 또 다른 느낌으로 다가갔을 것이다. 간호사로서 G도 '남자 어른'을 치매 환자로 돌볼 때에 몸을 씻겨 드리거나 특히 기저귀를 갈아 드리면서 복잡한 마음을 경험하기도 했다. 너무 불편해 하시는 모습에는 편안하게 간호를 받아들이시길 바라는 마음이지만, 또 한편 부끄러운 기색 없이 맨몸을 맡기실 때면 '너무하신 것 아닌가' 생각이 들어 좀 민망한 기색이라도 보이셨으면 했다. 싫은 기색 없이 배설물을 처리하는 간호사의 사려 깊은 태도를 '비위 좋은 행동'으로 비하하는 주변 사람들도 있었다.

그런 사실을 알면서도 G는 언니의 말이 서운했고 상처가 되었다. 그 순간에는 G도 간호사가 아니라 아픈 부모님을 둔 '상처 받기 쉬운' 딸이었기 때문이다. '아버지가 언니한테 어떻게 하셨는데…….' 하고 발끈하는 마음도 스쳐 지나갔다. "다들 아기 키워 봤잖아. 어떻게 기저귀를 바꾸고, 어떻게 하면 엉덩이를 뽀송하게 유지하는지…… 그런 것과 똑같아. 그 외에 식사 챙겨 드리고, 함께 이야기 나누고, 여태 키워 주셨듯이 이제 우리가 해드리는 거야." 하고 길게 설명하면서도 언니들에게 '아이들의 기저귀'와 '아버지의 기저귀'가 같을 수 없음을 알고 있었다.

그럼에도 불구하고 이 말에 자매들의 마음이 움직였을까? 언니들은 자신 없어 하면서도 G의 제안을 받아들였다. G는 '병든 아버지의 신체 돌봄이 아이를 돌보는 일과 같다면야' 하는 마음이 언니들을 간병에 대한 막연한 두려움을 걷어내고 한번 해보자는 결심에 이르게 하지 않았을까 짐작했다.

자매들, 각기 다른 방식으로 아버지를 간병하다

그렇게 형제자매들이 교대로 하루씩 맡아 부모님이 살고 계신 집에서 아버지를 돌보기 시작했다. 자매들은 낯설고 생경한 경험에 힘들어하면서도 빠짐없이 당번 날짜를 지켰고, 제각기 자신만의 방식으로 아버지와의 하루를 책임졌다. 그런 모습을 보면서 처음 아버지를 집에서 모시자는 말을 꺼냈을 때 자매들이 보인 반응에 상처를 받았던 G의 마음도 치유가 되고 순해졌다. 그 제안을 받아들인 형제자매들의 결심이 얼마나 힘든 것이었는지, 또 형제자매들이 매시간 얼마나 많은 노력을 기울이고 있는지 알 것 같았다.

주 간병자가 있어 진두지휘하고 그 계획에 따라 다른 사람들이 역할을 분담하는 것이 아니라 각자 아버지와의 하루를 온전히 책임지는 방식은 여러모로 도움이 되었다. 살아오면서 아버지와 맺어 온 관계와 사연이 다 달랐기 때문이다. 제각기 아버지와 보내는 시간이 많아지다 보니 자연스레 각자의 기억대로 아버지와 지난 시간을 돌아보며 이야기를 나누었다. 그 시간은 어렵고 무서웠던 순간의 아버지 혹은 서운하고 원망스러웠던 시절의 아버지와도 마음을 터놓게 만들었다. 딸들은 그렇게 과거의 기억과 화해하고 편안해졌다.

그러나 아버지의 입장에서도 그러했는지는 다시 살펴볼 문제였다. G의 생각에는 기복이 심한 치매 증상을 자연스런 과정으로 이해하고 일관된 태도로 모시는 것이 무엇보다 중요했다. 하지만 형제자매들이 병에 대해 이해하는 정도가 달랐고, 각자 경험한 것을 바탕으로 상태를 판단할 수밖에 없었다. 판단 기준도 제각각 달라서 의논할 때를 놓치고 혼자 엉뚱하게 알아서 하는 경우도 있고, 별거 아닌 일로 가족회의를 비상소집하는 일도 여러 차례 겪어야 했다.

무엇보다 G는 아버지를 대하는 형제자매들의 태도가 불편하게 느껴졌다. G의 형제자매들은 평소에도 다정하고 살가운 사람들이었지만, 아버지는 일생 존경하면서도 어려워하던 존재였다. 그런데 간병을 하면서 G는 자식들이 아버지를 진짜 '아기 돌보듯' 대하는 것처럼 느꼈다. 하나같이 "아버지, 나 알아요? 내가 누구예요? 내 이름 말해 봐." 하는 질문으로 하루를 시작했다. 때론 "내가 누구예요?", "쟤는 누구예요?", "이건 뭐예요?" 하는 질문이 장난스럽게 이어지기도 했다. 각자에게는 한 번의 질문이지만, 아버지께선 하루에도 여러 차례 어려운 시험 문제를 받아든 학생이 되어 쩔쩔매는 셈이었다. G가 보기에 자존감이 높으셨던 아버지는 매번 그런 질문들에 매우 민감하게 반응하셨다. 편안하게 잘 지내시다가도 어머니께서 치매를 '몹쓸 병'이라며 타박하실 때면 불안해하고 위축되셨다. 아직 상태가 좋으실 때는 담배를 피러 잠깐 건물 밖으로 나가기도 했는데, 그때도 혹시 기억하지 못할까 봐 수없이 메모를 확인하던 아버지셨다. 큰 산 같던 아버지의 치매와 불안, 그로 인해 평소와 다른 행동에 자식들이 호들갑 떨지 않고 평정심을 유지하기란 쉽지 않았다.

G에게는 그런 상황이 불편했지만 그 이야기를 입 밖으로 꺼내어 말하는 건 쉬운 일이 아니었다. 좋은 돌봄을 할 수 있게끔 서로 모니터링하고 지원하자고는 했지만, 무엇이 좋은 돌봄인지에 대한 견해는 다를 수 있었다. 신체 돌봄과 달리 아버지를 대하는 태도나 관계 맺는 방식에 대해서는 전문가가 따로 있을 수 없고, 다들 견해가 다를 수밖에 없었다. 무엇보다도 어려운 조건에서 '낯설게만 여겨졌던 간병'을 담당하는 형제자매들은 '잘 해내고 있다'는 자부심이 있었다. G는 그 마음을 다치게 하고 싶지 않았다. 그건 간병 가족에게 주어지는 작은 선물, 일종의 triumph이기도 했다. 거기에 작은 흠집이라도 내는 발언은 간병 상황 전체를 뒤흔드는 위험한 행동이 될 수 있다.

그럼에도 불구하고 결국 G는 형제자매들에게 더는 아버지께 '내가 누구냐'고, '이건 뭐냐'고 묻지 말자고 제안했다. 어쩌면 아버지의 기억은 붙들고 돌이키려고 애써도 사라지게 되어 있고 그게 자연스러울 것이다. 아버지께서 우리 아버지임은 우리가 알고 있는데 무엇 때문에 아버지의 자존을 위협하고 불안을 부추기면서까지 기억을 종용하는가. 그러니 알아들으시건 아니건 최대한 평소처럼 대하고 편안하게 해드리자고 제안했다. 혹시 아는가? 아버지가 우리들의 아버지였다는 사실조차 잊어버리시고 진짜 아이가 되어 우리들의 돌봄까지 편안하게 받아들이실 때 비로소 새로운 관계가 가능해질지.

G가 형제자매들에게 어려운 이야기를 할 수 있었던 것은 이런 상황에서 아버지께서 자녀들에게 어떤 존재로 남길 원하는지 확신할 수 있는 기억이 있었기 때문이다.

G의 당번 날이었다. 아버지께선 어딘가 몸이 불편해 보였지만 자꾸 괜찮다고만 하셨다. 그런데 G가 부축하기 위해 아버지의 팔을 잡자 통증으로 깜짝 놀라셨다. 통풍 때문에 관절통이 심한데도 참고 계셨던 것이다. 진통제를 챙겨 드리고 조금 지나자 진정이 되셨는지 표정이 편해지셨다. 안타깝고 속상해서 "진통제만 드시면 되는데 왜 말씀을 안 하셨어요?" 하며 G의 목소리가 절로 높아졌다. 그때 아버지께선 "고맙다. 내가 아버지인데…… 내가 너를 돌봐야 하는데…….."하고 대답하셨다.

치매로 대부분의 기억을 잃어가던 시기, 잠깐 기억이 돌아오는 짧은 순간에도 아버지께는 보살펴야 할 딸들이 있다는 사실은 잊지 못하셨나 보다. 아니 잊지 않기 위해 노력하시느라 스스로 돌봄 받는 상태라는 걸 받아들이지 못하고 그렇게 고통을 견디셨나 보다. 그건 어떤 순간에도 아버지가 내 아버지로 존재하실 거라는 선언이었고, 그게 삶의 마지막 순간까지 지키고자 하신 아버지의 존엄이 아니었을까? 그간 딸들이 본 아버지의 고군분투, 자존을 지키기 위한 안간힘은 어쩌면 빙산의 일각에 지나지 않았는지도 모른다.

다행히 평소에도 SNS 단체 대화방을 통해 수시로 소통하던 형제자매들은 아버지에 대해서도, G에 대해서도 잘 알고 이해했다. 어렵게 이야기를 꺼냈던 만큼 G는 또 그 사실에 감동받고 고마워했다. G와 형제자매들은 9개월간 아버지의 마지막 시간을 함께했고, 그 시간이 아버지와 함께한 가장 충만한 시간 중 하나라는 데 이견이 없다.

사실 그 시간은 아이를 돌보는 과정과는 많이 달랐다. 매일매일 기적을 발견하고 감탄하는 시간도 아니었다. 아버지의 존엄이 무너지면 자녀들의 존엄이 무너지고, 그럴 때 간병은 에너지를 주고받는 '관계 맺기의 과정'이 아니라 '내 에너지를 소모하기만 하는 노동'이 될 수 있음을 확인하는 순간도 있었다. 그래서 그 시간은 아픈 아버지와 그 곁을 지키는 어머니, 여러 형제자매들이 서로의 존엄을 걸고 긴장된 줄 당기기를 하며 미세하게 균형을 맞춰 가는 과정에 더 가까운 것 같다.

그걸 위해 G와 형제자매들은 불편하고 아픈 이야기까지 포함하여 매일 기록하고 소통했다. G와 가족들이 나눈 대화에는 그 가족 구성원 각자의 주변에서 함께 이야기를 나눈 이들의 경험과 지혜도 들어 있었을 것이다. 그래서 내게는 G 가족의 이야기가 그렇게 많은 이들의 성찰 끝에 도달한 균형으로, 서로 다른 간병 방식과 견해의 차이가 갈등과 파국으로 내닫지 않도록 해준 힘에 관한 이야기로 읽힌다.

가족 간의 간병 다툼이 벌어지고

　　가정간호**240쪽 참고** 중에 맞닥뜨리는 난감한 순간들 중에는 가족들이 간병 방식으로 갈등하다 간호사에게 서로 자기 방식이 옳다며 편을 들어 달라고 요청할 때가 있다. T의 집을 방문할 때면 환자의 배우자와 딸인 T가 간병 방식을 놓고 사사건건 의견 충돌을 일으켰다.

　　오늘은 입에 고인 분비물을 흡인해내는 문제로 두 사람이 얼굴을 붉히며 목소리를 높이고 있었다. T의 어머니는 서서히 진행되는 파킨슨병으로 십수 년 동안 여러 가지 치료를 받아 왔다. 그 사이 치료법이 많이 발전했다고 해도 아직 완치되지 않는 병이었다. 하나의 문제가 해결되면 또 다른 문제가 생기며 장기간에 걸쳐 악화되고 있었다.

　　최근에 T의 어머니는 근육 강직이 심해져 어려움을 겪고 계셨다. 강직이 심해지면 삼키는 능력이 떨어져 침이나 가래를 삼키지 못하게 된다. 그래서 주기적으로 흡인 장치를 써서 분비물을 제거해 주어야 했다.

　　의료진은 T에게 수차례 환자의 입과 목 안에 있는 분비물을 효과적으로 제거하지 못하면 이것이 기도로 흡인되어 폐렴을 유발할 수도 있다고 주의를 주었다. 그렇기 때문에 T는 어머니의 목에서 나는 그르렁거리는 소리에 극도로 민감해져 있었다.

　　그러나 흡인 장치로 압력을 가해 가래를 빼내는 일은 무척 고통스럽다. 의식이 맑지 않은 어머니는 절대로 입을 벌리지 않으려고 하셨다. T는 억지로 어머니의 입을 벌리고 흡인을 해야 했다. 어렵게 흡인 카테터를 입 안으로 넣는 데 성공하더라도 어머니는 어떻게든 고통을 줄여 보려고 절대 기침을 하지 않고 참았다. 그러면 목 안 깊숙이 고인 가래가 효과적으로 빠져나오지 않고, 흡인을 해도 바로 그르렁그르렁하는 가래 끓는 소리가 들렸다. 입을 벌리지 않으려는 어머니와 흡인해야 하는 T 사이에 진이 빠지는 실랑이가 반복될 수밖에 없었다.

이런 과정을 아버지나 다른 가족이 옆에서 지켜보면 대개 그만하라고 T를 말렸다. 그러면 T는 발끈하고 반발했다. T도 흡인하는 게 고통스럽기 짝이 없었다. 하지만 T는 어머니를 너무나 사랑했고 어머니가 조금이라도 좋아지길 바랐다. 그러자면 폐렴이 생기지 않도록 예방하기 위해 제대로 흡인하는 것이 무엇보다 중요하다고 생각했다. 그래서 아픈 마음을 참아 가며, 입에서 피가 나는 한이 있어도 억지로 어머니의 입을 벌려 흡인하려는 것인데 가족들이 그 마음을 몰라주는 것이다.

T가 화를 내면 다른 가족들은 더는 뭐라고 하지 못했다. 속으로는 못마땅하지만 고생하는 T를 생각하여 참는 것이다. 하지만 아버지는 달랐다. 지치지도 않는지 T가 두 번째 흡인을 할 때마다 그만하라고 싫은 소리를 하셨다. 고통스러워하는 아내를 지켜보는 것이 괴로워 참을 수가 없는 것이다.

어느 날은 감정이 격앙된 T가 간호사 앞에서 "나도 싫다고요! 너무 싫어요! 엄마랑 실랑이할 때마다 온몸이 땀으로 젖는 거 안 보여요? 그렇지만 가래를 안 빼서 폐렴이 생기면 어쩌라고요!"하고 항변했다. T의 아버지도 지지 않으셨다. "그런다고 좋아지냐? 저렇게 싫어하는데 안 그래도 힘든 사람 쓸데없이 괴롭히지 말고 제발 좀 편하게 놔둬." 하며 역정을 내시는 것이다. '하지 말라', '하겠다' 하는 와중에 T는 밤사이에 어머니 곁을 지킨 아버지를 비난하기도 했다. "아버지가 밤새도록 가래도 안 뽑아서 아침에 보면 가래 때문에 그르렁거려." 하면서.

그 기간 동안에 T와 가족들의 관계는 나빠지기만 했다. T는 아버지뿐 아니라 다른 형제자매들을 믿지 않았다. 항상 어머니의 병을 최우선으로 생각하는 T에 비해 아버지와 형제자매들은 '최선을 다하지 않았다.' T는 어머니에게 도움이 된다면 기꺼이 악역을 맡아 가슴 아픈 말도 마다하지 않았다. 그에 비해 아버지나 다른 형제들은 어머니가 힘들어하거나 싫어한다는 이유로, 혹은 어머니를 기쁘게 해드리고 싶은 마음이나 경제적인 부담 등을 이유로 너무 쉽게 타협하는 것 같았다.

T는 점점 어머니 간병을 자신만큼 잘할 수 있는 사람은 없다고 믿게 됐다. T가 어머니 간병에 몰입하는 만큼 다른 형제자매들은 점점 간병에 소극적으로 변했다. 각자 자신만의 간병 철학과 어머니와 관계 맺는 방식이 있었지만, 너무 강한 T의 주장을 이길 수가 없었다. T만큼 간병을 많이 하지 못하는 입장이니 할 말이 없다고 생각했지만, 서운한 마음은 어쩔 수 없었다. 따라서 "도와주지도 못하면서 뭐라고 의견을 내겠나. 열심히 하는 T를 믿고 맡겨야지." 하면서 한발 물러서게 됐다.

그래도 어머니가 의식이 있을 때는 각자 어머니와의 관계가 더 중요했기에 어떻게든 어머니와 함께하는 시간을 내려고 노력했다.

대체로 낮에는 T가, 밤에는 아버지가 어머니 곁을 지키면서 가족들은 자기 사정에 맞춰 혹은 어머니가 원하는 방식으로 시간을 보냈다.

그런데 어머니의 상태가 나빠지면서 더 이상 의사소통이 불가능해지자 T와의 갈등을 무릅쓰고서 어머니 곁을 지키려는 의지가 약해졌다. 의료적 처치나 전문 간병인이 해야 할 역할이 더 중요해졌다. 이는 T만이 '가장 잘 알고 잘할 수밖에 없는' 상황이 많아졌다는 뜻이기도 했다. 어느 틈에 형제들은 한발 물러났고, T는 어머니를 온전히 혼자 책임지고 있다는 피해 의식이 생겨났다. 그러나 T의 극진한 노력에도 불구하고 어머니의 병은 계속 악화될 수밖에 없었다. T는 어머니의 상태가 나빠지는 게 자신의 잘못처럼 여겨져 가족들이 무심코 던진 한마디에도 쉽게 상처를 빚었다.

긴 간병 다툼의 역사를 들여다보면

T의 가족들이 겪고 있는 갈등은 하루 이틀 사이에 생겨난 것이 아니었다. 처음 간병을 시작할 때부터 사소한 의견 차이들이 쌓여서 T의 독박 간병과 아버지와의 끝없는 간병 다툼으로 이어졌다. 순전히 간병 방식에 대한 의견 차이만도 아니었다.

어머니가 진단받기 전에도 T는 아버지와 사이가 좋지 않았다. 권위적인 아버지와 의견이 충돌하는 경우가 많았고, 어머니의 고생이 아버지 탓으로 여겨져 사소한 일로도 아버지와 갈등했다. 그만큼 어머니에 대한 연민과 사랑은 깊었다.

어머니가 병석에 눕자 T는 아침 일찍 부모님 댁으로 출근하여 저녁 늦게 퇴근하는 간병인을 자처했다. 남편과 자녀들을 돌보는 최소한의 가사 노동 외에는 모든 것을 뒤로하고 어머니 간병에 매달렸다. 항상 최고 수준의 돌봄을 해주려 했고, 어머니 건강에 도움이 될 것 같으면 비용을 따지지 않고 무엇이든 하려고 했다.

진행성 질병이 악화되는 중에도 어머니가 이렇게 오래 곁에 계실 수 있었던 건 T의 이런 정성 때문일지도 몰랐다. 방문하는 간호사들도 환자가 십여 년을 누워서 지내는데도 욕창 하나 없는 건 정말 드문 일이라며 T의 정성스런 간호에 감탄했다. 그건 T의 보람이자 자부심이기도 했다.

어머니가 입원하면서 전문 간병인을 고용하기로 했고, 병원비를 비롯한 간병 비용 등 일체의 비용을 형제자매들이 인원수로 나누어 부담했다. T가 형제자매들과 부모님, 간병인, 병원 직원들 사이의 의사소통을 도우면서 의사 결정을 주도하고 있었다. T는 가족 모두가 어머니께 최대한 편안하게 병원 생활을 보장해 드리고자 한다고 믿어 의심치 않았다. 그래서 조금이라도 더 어머니께 잘해 주길 바라는 마음으로 주말이면 휴가를 가는 간병인의 목욕비를 챙겨 주고 수시로 간호사들, 간병인들의 간식을 사다 날랐다. 조용한 성품의 어머니를 위해 여러 사람이 함께 쓰는 병실보다는 비싼 비용을 치르고 1인실을 선택했다.

그러나 간병인, 간호사들과 관계를 어떻게 맺는 것이 좋은지, 어머니가 장기간 투병할 텐데 어느 수준의 돌봄을 유지할지에 대해 형제자매들마다 기대하는 것이 달랐다. 이는 곧 형제자매들의 경제적인 부담으로 이어지는 문제였다. 감당할 수 있는 총 비용에 대해서도 생각이 달랐지만, 어떻게 분담하는 것이 공평한지에 대해서도 생각이 다를 수밖에 없었다. 가족의 역사 속에서 각자 경험이 다르고 현재의 처지도 다르니 인원수대로 나누어 똑같이 비용을 분담하는 것도 확실한 대안이 되지 못했다.

어머니 곁을 지키는 시간은 어떻게 나눌지에 대해서도 생각이 달랐다. 하나부터 열까지 다르게 생각할 수 있고, 미묘한 신경전은 예상 못한 곳에서 갈등으로 드러났다. 이런 문제에 대해 의논하고 결정하는 과정에서 의견이 충분히 반영되지 못하거나 배려받지 못한다고 느끼는 누군가는 간병에서 빠지고 관계도 소원해졌다. 그 과정에서 'T'는 '최고, 최선, 최대한'이라는 목표를 포기하지 않았다. 그렇게 간병 방식을 둘러싼 갈등은 독박 간병으로 이어졌다. 독박 간병은 간병하는 이를 고립시키고 때론 한 사람의 삶을 집어 삼킨다.

병원이라는 별세계에서
가족, 의료진 모두가
상처 받는 이유

    간호사로 일하면서 주변의 일반인들 즉 환자나 가족으로 병원을 이용하는 사람들에게 가장 듣기 싫어했지만 자주 듣던 말은 "큰 병원에 가려면 무조건 아는 사람이 있어야 한다."는 말이었다. 진료나 검사 예약을 앞당겨 달라거나 다인 병실로 빨리 이동할 수 있게 도와 달라거나, 때로는 환자 경과에 대해 자세히 설명을 들을 수 있게 도와 달라는 부탁도 종종 있었다. 이처럼 병원 관계자를 알지 못하는 이들의 불안과 피해 의식은 생각보다 자주 마주한다.

    그런가 하면 의료진 동료들에게서 자주 듣는 말은 "알 만한(혹은 배울 만큼 배운) 사람이 왜 그러는지 몰라."이다. 학력이나 사회적 지위가 높은 사람, 젊은 사람, 혹은 의료인이 환자나 가족으로 오는 경우에 그들이 병원 내 시스템을 이해하지 못하고 기대하지 못한 반응을 할 때 하는 말들이다. 그때 내 동료들은 대개 처음부터 '병원 직원'으로 사회생활을 시작했기에 병원 시스템이 얼마나 일상과 동떨어진 세계인지, 의료인이라고 해도 자신의 근무지가 아닌 병원의 시스템은 얼마나 낯선 환경인지 알지 못했던 것 같다.

그 보호자는 왜 그렇게 화가 났을까?

그분의 모친은 심장 기능이 말기 상태라 회복의 가능성이 거의 없었다. 그래도 장기간 입원하는 동안 정이 들어서 의료진과 가족들의 관계는 매우 좋았다. 그분이 나타나기 전까지는! 면회 시간에 새로운 보호자인 그분이 계실 때 마침 주치의가 회진을 왔다. 주치의는 그 보호자가 올 것을 알고 있었는지 보자마자 "아, 둘째 아드님이시죠?" 하고 알은척을 했다. 주치의는 다정하고 친절(?)한 태도로 환자 상태에 대해 설명을 하고 떠났다.

새로운 보호자가 나타나면 담당의와 간호사들은 긴장하고 그간의 경과에 대해 좀 더 자세하게, 여러 차례 설명하곤 했다. 그간 우여곡절을 함께 경험하면서 의료진과 라포를 형성한 가족들과 달리 오랜만에 온 가족들은 경과에 대해 불만을 토로하는 경우가 많기 때문이다.

그날도 주치의가 자리를 뜨자 담당 간호사는 바로 더 자세한 설명을 하고자 "교수님 설명 중에⋯⋯." 하고 말을 꺼냈다. 보호자는 대뜸 "저만 교수야? 나도 박사고, 교수야. 배울 만큼 배웠고 알만큼 안다고!" 하며 소리를 질렀다. 무엇 때문인지 보호자는 단단히 화가

난 상태였다. 이야기를 종합해 보니 주치의가 '사람을 무시했다. 건방지다'는 것인데, 옆에서 주치의의 설명을 같이 들었던 간호사들은 도대체 무엇이 그렇게까지 노엽게 만들었는지 이해하기 어려웠다. 그래도 혹시 주치의의 설명이 짧아 곡해한 것일 수 있다고 생각해 담당의 추가 면담을 주선했다. 담당의가 와서 바로 면담했지만 그분의 분노는 누그러지지 않았다.

그 이후 보호자는 작정한 듯 주치의와 담당의에게 날을 세웠고, 이런저런 검사를 구체적으로 요구하는 등 사사건건 환자에게 내려지는 처방에 개입하기 시작했다. 환자 치료는 이상한 방향으로 흘러갔고, 병상 옆에는 평소 같으면 사용되지 않을 장비들이 등장했다. 보호자는 장비의 공학적 원리나 의미 없이 흔들리는 파형 하나까지 이유와 원리를 설명하라고 요구하면서 간호사들을 괴롭혔다. 간호사들이나 담당의는 그 보호자를 응대하느라 진땀을 흘려야 했다. 답답한 것은 끝내 무엇이 그분의 마음을 그리 다치게 했는지는 알 수 없었다는 점이다. 다른 가족에게 이유를 물어도 난감한 표정만 지을 뿐 특별한 대답을 해주지 못했다. 아무리 보아도 그분을 화나게 만들 만한 '불친절'을 찾아낼 수 없으니 의료진은 그분이 '이상한 보호자'인 것으로 결론지었다.

그런데 내가 보호자 혹은 환자가 되어 익숙한 근무처가 아니라 낯선 병원들을 이용해 보니 어쩌면 그 보호자의 분노를 이해할 수도 있을 것 같았다. 가족이나 지인들이 사고나 질병으로 연고가 없는 지방에 있는 병원에 입원하는 일이 여러 번 생겼다. 그래서 간호사인 나도 아는 사람 하나 없는 낯선 병원을 경험하게 되었다.

급한 연락을 받고 황망한 마음으로 응급실을 찾아가는 길에 처음 접한 말은 느닷없이 앞을 가로막고 "보호자분들은 밖에서 대기하세요."하고 큰 소리로 하는 '명령'이었다. 응급실의 혼잡을 피하기 위해 보호자는 한 명만 들어가도록 한다는 사실은 이미 알고 있었다. 응급실로 들어가려는 게 아니라 미리 온 가족들을 찾아 여기저기 고개를 기웃거리던 참이었다. "누구를 찾아오셨어요?", "무엇을 도와드릴까요?" 하는 말까지 기대한 것은 아니지만 어쨌든 기분은 상했다.

가족들이 초 단위로 시간을 재며 면회를 기다리는 중환자실 입구에서는 직원이 큰 소리를 내며 서두르는 보호자들을 줄 세우고 있었다. 익숙하지 않은 환경에 기웃거리며 복도를 헤매기라도 하면 "거기, 어디 가세요!" 하는 호통이 날아왔다. 무안함과 민망함은 모욕감, 분노로 연결되었다.

낯선 환경과 당황스러운 상황에서 나는 '안내'를 기대하는데 병원 직원들은 '경비'를 서고 있는 느낌이었다. 의료진은 물론 병원 직원들이 쓰는 말은 친절로 포장하고 있더라도 기본적으로 명령조였다. 그럴 때 멀쩡한 성인들은 갑자기 문제아 취급을 받고 통제와 관리의 대상이 되는 느낌을 받는다. 나름의 품위와 자존을 지키려고 애쓰며 살아온 성인들에게는 다른 곳에선 경험하지도, 경험한다면 참아 내지도 않을 상황일 것이다. 생애 최고로 불안하고 상처받기 쉬운 위기의 순간에 사랑하는 가족을 그 병원에 모셨다는 이유만으로 갑자기 병원이, 병원 직원들이 나에게 부당한 권력을 휘두르는 것 같았다.

병원을 이용하는 과정에서 한 번의 사건으로 보면 문제 삼기에도 애매할 정도로 사소했지만 거의 매번 불쾌한 경험들을 했다. 나도 모르게 마음속에 병원과 거기서 일하는 사람들에 대한 분노와 불신이 자리 잡았다. 어느 순간 돌아보니 내 마음속에는 같은 직종에 종사하는 사람을 향한 이해보다 뾰족한 적개심이 앞서고 있었다.

그때 깨달았다. 내가 병원에서 만난 환자나 가족들의 분노는 비록 그날 그 순간 어떤 미묘한 지점에서 촉발되었을지는 몰라도 바로 그 자리, 어떤 누구 때문만이 아니라 그분이 그 자리에 오기까지 병원이라는 불친절하고 무례한 시스템을 거치는 동안 누적된 것일지도 모른다는 것을.

내 기대와 내게 주려는 것들 사이의 괴리

병원을 이용하는 환자·가족들과 의료진 사이에는 병원을 이용하는 목적이나 의료진의 역할에 대해 근본적인 생각의 차이가 있는 것 같다. 그리고 가족의 입장에서만 보면 기대하는 역할을 해주지 못하는 병원 시스템은 그 자체로 무례하다.

귀에 문제가 생겨 동네 이비인후과를 방문했다. 방문한 이유를 확인하고 귓속을 들여다보는 간단한 진찰을 마친 주치의는 "중이염이 재발한 것 같네요. 약을 3일치 처방할 테니 밖에서 기다리세요."라고 했다. '기다리라'는 말에 방점을 찍어 들은 나는 첫 방문이니 다른 검사를 한다는 말인가 하고 기다렸다. 허나 그 말은 단순히 기다렸다가 약 처방전을 받아 가라는 말이었다. 다시 오라는 말도, 약을 먹고 증상이 없으면 안 와도 된다는 말도 없었다. 약을 먹으니 애초의 증상은 없어졌으나 귀 속을 직접 들여다볼 수 없는 나로서는 나은 것인지 판단할 수 없었다. '어떻게 하지?' 고민하다 약을 다 먹은 날 다시 병원을 찾았다. 또다시 귓속을 들여다보고 약 처방을 받았다. 여전히 오라 마라 말이 없었다.

그렇게 몇 번 방문해 약을 처방받아 복용했지만 경과는 지지부진이었다. 치료를 받아도 효과가 없는 것 같은데 의사는 별다른 이야기 없이 비슷한 약만 재차 처방했다. 이러다가 치료 시기를 놓치는 것은 아닌지 불안한 마음도 있었다. 그래도 처음에는 다른 치료가 필요하면 어련히 알아서 큰 병원에 의뢰해 주겠지 하고 기다렸다. 너무 오래 효과 없는 처방을 반복하는 것 같아 "이대로 계속 약만 먹고 있어도 괜찮을까요?"하고 질문했더니, 의사는 "어떻게 해드릴까요?" 하고 반문했다. 바로 "아, 그걸 알면 내가 여길 왔겠어요?"하는 말을 입 밖에 낼 뻔했다.

결국 다른 이비인후과로 옮겨 두 곳을 더 거쳤으나 상황이 별반 다르지 않았다. 결국 처음 갔던 이비인후과를 가서 대학병원에 가보겠다고 '셀프 의뢰'를 했다. 의사는 두말없이 진료 의뢰서를 작성해 주었다. 스스로 판단해서 조기에 대학병원 전원을 요구해야 하는 게 동네 의원의 룰인 것을 나만 모르고 있었던 건가? 허탈했고 뭔가 바보가 된 기분이었다. 병원에서 오래 근무한 덕에 동네 의원에 갈 일이 없어서 이런 우여곡절을 겪었겠거니 하고 넘길 수밖에 없었다.

의뢰서에는 그간의 처방과 치료 경과에 대한 언급이 한마디도 없었다. 그저 진단명과 '고진선처 바랍니다.'하는 한 줄이 적혀 있었다. 그렇게 1년 이상 이비인후과 여러 곳을 전전하다 대학병원에 입원하여 수술을 받았다.

나는 분명히 학교에서 의료 전달 체계에 대해 배웠고, 동네 의원에서 해결이 안 되는 문제는 상급기관으로 의뢰해 주리라 믿고 기다렸다. 그런데 왜 친절한 말투의 그 의사들은 하나같이 수술을 해야 한다거나 큰 병원에 가보라거나 하다못해 우리 병원에서 치료할 수 없다는 말을 해주지 않았을까? 정말 모를 일이었다. 정말 화가 나 속을 끓였지만 누구에게 화를 내야 할지도 알 수 없었다.

대학병원들에서도 별반 다르지 않았다. 아니 머무는 시간만큼 불쾌한 경험의 빈도나 강도는 훨씬 늘어났다. 응급실뿐 아니라 병실에서도 내 가족을 담당하는 의사나 간호사가 누구인지 분명하게 알려 주지 않는 시스템부터 무례였고 폭력이었다. 주치의는 이름이 침상 옆 환자 이름표에 적혀 있고 회진을 오기 때문에 알 수 있었지만, 담당 간호사나 병실의 담당 의사는 누구인지 알 수 없었다.

용건이 있어도 누구에게 이야기해야 할지 몰라 무작정 간호사실로 나가 아무나 붙잡고 이야기하거나 모두가 들을 수 있도록 환자의 병실과 성명을 말하고 기다리는 수밖에 없었다. 누구 한 사람이라도 나서서 내 말에 반응하지 않고 간호사 혹은 의사들이 멀뚱히 서로를 돌아보거나 심지어 못 들은 척하여 내 말이 허공에 흩어졌다. 그 순간에 보호자인 나는 모욕감을 느꼈다.

병원에서 돌봄은 누구 책임인가?

연고가 없는 도시에 있는 병원에서 남편을 간병해야 했던 S는 다음에 이런 일이 생기면 꼭 서울에 있는 대학병원에 가기로 다짐했다. 의료진의 실력을 믿을 수 없어서가 아니라 간병 서비스를 이용하는 과정에서 겪은 어려움 때문이다.

당시 남편은 뇌출혈로 의식이 명료하지 않아 잠시도 혼자 두기 어려운 상태였고, 아이 때문에 S는 병실에 오래 머물 수 없는 상황이었다. 다급하게 간병인을 구해야 했지만, 병원에 등록된 간병사 소개 업체는 한 곳뿐이었다. 그곳에서는 아무리 재촉해도 바로 올 수 있는 간병사가 없다며 기다려 보라는 말만 되풀이했다. 다른 도시에 사는 가족들이 휴가를 내어 교대하면서 며칠을 버텼다.

뒤늦게 업체를 통해 간병사가 한 명 왔고 한시름 놓나 했다. 그런데 간병사는 오는 날부터 '환자가 계속 가족을 찾는다', '한밤중에 일어나 침대 아래로 내려왔다' 등의 이유로 계속 응급 호출을 했다. 간병사는 결국 이틀 만에 그만두겠다는 의사를 밝혔다. 개인 사정을 이유로 댔지만, S는 섬망이 있는 남편이 다른 환자보다 돌보기 힘들기 때문일 것으로 짐작했다.

S로서는 눈앞이 캄캄해지는 느낌이었다. 인터넷이나 여러 기관에 연락해도 간병인을 구하기 힘들었다. 너무 힘들어서 그만두는 것이라면 다른 간병사도 마찬가지일 거다. 그래서 어떻게든 그 간병사를 붙잡고 싶었다. 정확한 이유를 알면 그에 맞춰 근무 조건을 협상할 마음이었다. 그러나 간병사는 개인 사정이 있다고 했다가,

환자가 너무 힘든 케이스라고도 했다. S가 사정하자 간병을 계속하겠다고 했다가 금방 번복하기도 해서 의중을 파악하기 힘들었다.

　S는 소개업체에서 중재해 주지 않을까 생각해 전화로 도움을 요청했다. 그리고 소개받은 간병사님이 갑자기 그만두신다고 해서 난감한데, 어떻게 하면 좋을지 모르겠다고 말했다. 담당자는 "우리는 소개만 하는 거지. 간병사가 그런 걸 어떻게 하라는 거냐."며 화부터 냈다. S가 항의한다고 오해한 것이다. S는 다급하게 "간병사가 중간에 그만둔다고 따지는 게 아니라 상황이 다급하니 도움을 청하는 거다. 환자 상태가 힘들어서 그런 거라면 시간을 조정하거나 비용을 더 낼 의사도 있다."고 덧붙였다.

　그러자 직원은 "우리 업체는 추가 비용을 받는 데가 아니다."며 더 심하게 화를 냈다. S의 의도와 달리 이야기를 하면 할수록 언성만 높아졌다. S는 간병사가 환자를 맡아 주도록 중재해 달라는 요청이 왜 그렇게 문제되는지 알 수 없었다. 불쾌한 뒷맛만 남기고 통화는 끝났다. 이야기가 어떻게 전해졌는지 간병사 역시 화가 나서 "사무장에게 전화를 하면 어떻게 하느냐."며 S에게 항의 전화를 했다. 간병사가 그만두게 되면 업체에 연락해 다른 사람을 소개받는 것이 수순일 텐데 S로서는 뭐가 문제인지 이해할 수가 없었다.

　게다가 머리를 다쳐 의식이 명료하지 못해 우스꽝스럽거나 부적절하게 행동한다는 이유로 환자는 물론 보호자까지 모자란 사람으로 대우하는 느낌을 떨치기 어려웠다. 재활 치료실에서 만난 다른 환자의 간병사는 "저 아저씨가 어젯밤에……." 하면서 S와 남편이 앉아 있는 앞에서 남편이 섬망 중에 한 일을 다른 사람들에게 큰 소리로 이야기했다. "환자가 듣고 있는데, 그렇게 말씀하지 마세요."
라고 조용히 요구했으나 말을 멈추지 않았다. 기어코 S가 얼굴을 붉
히며 큰 소리로 내고서야 간병사가 말을 멈췄다.

그 일이 있은 후 병동의 간호사와 간병사들의 분위기가 묘하게
느껴졌다. S는 자신이 간병사를 내쫓은 까다로운 보호자로 찍혔음
을 알았다. 업체는 끝내 간병사를 더 구할 수 없다고 했다. 간호사들
은 병원에서 알선해 줄 수 있는 업체는 그곳뿐이라며 더 이상 도움
을 주지 못했다.

S로서는 병원에서 직면한 가장 심각한 문제였지만, 병원 안에
서 S의 고충을 상담하거나 도와줄 구조가 없었다. 병실에 드나드는
간호사들은 일정하지 않아 누가 담당인지 알 수 없었다. S가 간호사
스테이션으로 나가 말을 걸면 간호사들은 서로 돌아보며 애매한 태
도를 취할 뿐이었다.

S가 산재 신청 서류를 발급받는 절차를 알지 못해 간호사실에
문의했을 때에도 난처한 듯 서로를 돌아보는 모습에 됐다고, 알아서
하겠다고 바로 물러선 것도 이런 이유였다. 따로 아는 법무사를 통
해 알아보고 우여곡절 끝에 원무과에 찾아갔더니 담당자는 "그건 주
치의한테 진단서를 받아서 병원 원무과에서 처리하는 건데 법무사
가 왜 필요하냐?"고 반문했다. 간호사실에서 원무과에 문의해 보라
는 한마디만 해주었어도 겪지 않을 수 있는 과정이었다.

S가 어렵게 마련된 서류를 제출하기 위해 미리 말해 둔 진단서
를 찾으러 갔더니 의사 서명이 안 되어 있었다. 바로 서울로 출발해
야 하는 S의 사정에도 불구하고 간호사들은 의사에게 서명을 받아

줄 방법을 찾기보다 의사가 자리에 없다며 회진을 왔을 때 서명하게 끔 미리 맡겨 두지 않았다고 타박했다. 누군가 의사 서명이 필요한 서류는 미리 간호사실에 맡겨 두어야 한다고 이야기해 준 적도 없으 면서 말이다.

그 순간에는 S도 울컥해 되갚음하고 싶은 마음이 생겼다. S가 필요한 도움은 한 번도 제대로 주지 못하면서 계속해서 상처 주고 있었다. S는 어쩜 간호사들이 그렇게 불친절하고 무신경할 수가 있 냐고 물었다. 누구 한 사람이 아니라 너무 많은 이들이 주는 상처라 병원 수준이라고 탓하지 않을 수 없었다고 했다. 다만 묻고 도움을 청할 사람이 누구인지라도 알려 주었으면 할 뿐인데 그걸 못해 주 냐며, 그래서 다들 서울 큰 병원에 가는 것이 아니겠냐고 했다.

누구를 위한 효율적인 돌봄일까?

나는 그들의 무례에는 이유가 있고, 내가 다시 병원에서 일한 다고 해도 큰 차이가 없을 것이라고 생각한다. 간호사 스테이션에서 내가 '32호실 ○○○ 환자분 담당 간호사'를 찾았을 때 "무슨 일인지 말씀하세요." 하면서도 자신이 담당 간호사라고 밝히지는 못했던 간 호사는 불친절한 것이 아님을 알고 있다.

간호를 제공하는 체계는 다양하다. 아마도 그 병원은 간호사들 이 '아픈 사람' 혹은 '환자와 가족'을 나누어 담당하는 방식이 아니 라 '일'이나 '기능'을 중심으로 업무를 나누는 방식으로 일하고 있었을 것이다. 그래서 의사와 의사소통하며 컴퓨터 앞에서 기록을 하는 'charge' 간호사와 charge 간호사의 지시에 따라 혈압 측정 등 기능을 수행하는 'acting' 간호사로 나뉘어 일하는 것이다. 심한 경우 charge 간호사 3명에 acting 간호사 1명이 팀을 구성하는 경우도 있다고 한다. 환자나 보호자가 자신의 '담당 간호사'를 찾을 때 누구도 자신이 담당이라고 선뜻 나서지 못하는 이유인 것이다.

이는 우리 사회에서 간호사들의 업무를 나누는 방식인 '간호 전달 체계'를 선택할 때 환자나 보호자들의 편의와 간호의 질보다는 인건비를 줄이는 데 관심을 두었기 때문으로 짐작한다. 다른 한편으로는 업무를 설계할 때 '의료적 전문성'을 중심으로 위계를 구축하고 '돌봄의 전문성'을 배제하거나 간과해 버린 결과가 아닐까 하는 의심도 든다.

그 결과, 의사들이 진료에만 집중할 수 있게 '설명 간호사'나 '전담 간호사'를 따로 두어 환자나 보호자 면담을 대신하고, 간호사들은 '기능'을 중심으로 업무를 분담해 일 처리의 효율성을 높인 것이다. 따라서 담당 간호사를 찾는 보호자들에게 바로 응대하지 않은 간호사들이 불친절한 것이 아니라 진짜로 '환자를 담당'하는 간호사가 없는 게 현실인 것이다.

마찬가지로 간호사들의 업무에서 소위 '전문성이 떨어진다고 여겨지는' 업무는 분리해 간호 조무사나 간병사 혹은 가족들에게 넘겨졌다. 곧이어 '전문성이 떨어지는 업무'를 담당하는 직종은 위탁이나 외주를 주면서 병원의 직접 관리에서 벗어나게 된 것이다. 그래서 간호의 일부이기도 한 간병의 질, 간병을 담당하는 인력에 대해 병원 간호부 혹은 병동 간호사들이 개입할 수 없게 되었다.

결과적으로 우리가 환자나 가족으로 병원을 이용할 때는 인술이나 친절이라는 이름으로 medical care, nursing care, 즉 '의료적 돌봄', '간호적 돌봄'을 기대한다. 하지만 병원에서 일하는 이들의 입장에서 medical care는 '의료'로 번역되고 '돌봄'이 제거된 medicine과 nursing만 자기 역할로 인식하게 되는 것 같다.

그렇게 care를 빼버리고 전문적인 핵심 업무만을 계산해 최소한의 인력만 배치한 결과, 일하는 이들은 밥을 굶어도 '핵심 업무'를 처리하기에도 바쁘고 '설명을 자세히 해주는 의사, 인간 삶의 일상적인 요구까지 챙겨 주는 간호사'는 운이 좋아야 만날 수 있는 존재가 되었다. care는 사람과 사람이 만나는 순간 그 즉시 이루어져야 하는 것이어서 아무리 다른 직종에게 넘기고 '핵심'에서 배제하려고 해도 배제할 수가 없기 때문이다.

그래서 오늘날 누구나 의사, 간호사가 바쁘다는 것을 알고, 의사나 간호사에게 길게 이야기하지 않으려고 애를 쓴다. 누가 뭐라고 하지 않는데도 의사, 간호사 앞에만 서면 마음이 급해지는 것이다. 미리 준비하고 메모까지 하고서도 회진이나 진료 시간에 하고 싶은 말, 듣고 싶은 말을 다 못하고 나오는 일이 일상이 되었다. 그런 순간에 얼마나 자신이 바보 같이 느껴지는지······. 그리고 그런 순간들이 모여 환자와 가족들은 어느 순간이든 폭발할 수 있는 폭력적인 존재로 변하는 것은 아닐까?

정말 더 이상 해드릴 게 없을까?

의료인들 사이에는 수술이나 약물 처방 등 '치료'가 필요한 환자가 아니면 '진료의 대상'으로 여기지 않는 경향이 있는 것 같다. 회복의 가능성이 없다고 판단되는 환자나 가족들에게 "더 이상 해드릴 게 없다."고 말하는 의료인을 보거나 주변 의료인들이 "나보고 어쩌라고?" 혹은 "이 환자는 왜 자꾸 병원에 오는지 모르겠다."고 불평하는 말을 들을 때가 그렇다.

그런데 의료에서 care의 중요성을 간과하는 것이 아닐까 생각하게 된 계기가 있었다. 나의 어머니는 사고로 인한 뇌출혈 후유증으로 어지럼증을 호소했다. 사고 후 회복이 순조롭게 이루어지는 과정이어서 시간이 지나면 해결될 문제였다. 수술을 담당한 전문의도 그렇게 설명했고, 가족들이 보기에도 상태가 많이 좋아지고 있었다.

하지만 어머니는 퇴원을 했는데도 모든 문제가 사라지지 않아서 심한 불안을 느끼셨던 것 같다. 전화로 자식들에게 계속 이런저런 불편함을 호소하더니 이미 오래된 관절염 수술까지 거론하며 서울의 큰 병원에서 진료받고 싶은 의중을 드러내셨다.

이때부턴 누가 어떤 합리적인 설명을 해도 소용이 없었다. 치매 걱정을 하시더니 주변 사람들이 MRI를 찍어야 한다는데 수술한 병원에 MRI가 없어 찍지 않았다고 주장하셨다. 결국 주치의가 MRI 영상을 보여 주며 설명하자 그간 극찬하셨던 수술한 의사와 병원에 대해 불평을 늘어놓기 시작했다.

누군가 이비인후과에서 어지럼증을 치료받았다고 하자 어머니는 이비인후과를 찾아가고, 어지러울 때 눈앞이 캄캄했다고 하며 안과를 찾아가는 식으로 의료 쇼핑이 시작되었다. 속 시원한 변화가 있을 리 없었다. 자식들로부터 큰 병원에 진료 예약을 했다는 말이 없자 어머니가 매 순간 짜증을 내고 우는 소리를 하셔서 함께 생활하는 아버지께서 병이 날 지경이었다.

결국 자식들은 '어쩌라고' 하는 의사의 반응을 예상하면서도 서울의 대형병원 진료를 예약하는 수밖에 없었다. 간호사 지인에게 자문해 평소 환자들의 이야기를 잘 들어 준다고 정평이 나 있는 의사였다.

신경과 의사의 소견도 수술을 집도했던 의사와 비슷했다. 지금 당장은 특별히 더 해드릴 것이 없다는 것이다. 어머니는 그 소견이 마음에 들지 않았는지 귀담아 듣지 않으셨다. 갑자기 무릎 수술 이야기를 꺼냈다가 치매 검사를 해달라고 했다가 종잡을 수 없는 태도를 취했다.

난감한 표정으로 이야기를 듣던 의사가 어느 순간 어머니의 의중을 간파하고 "할머니, 말씀하시는 것을 보니까 치매는 아닌 것 같은데요?" 하고 웃었다. 그 순간 어머니가 눈빛을 반짝이며 집중하는 것이 느껴졌다. 나는 어머니가 '완치'되셨음을 직감했다.

의사는 어머니의 안도감에 쐐기를 박는 한마디를 덧붙였다. "그래도 혹시 모르니 가능한 검사를 다 처방해 드릴 테니 예약하고 가세요. 그 사이 괜찮으시면 검사를 취소하고 다시 안 오셔도 좋습니다." 진료실을 나오자마자 어머니는 "검사는 안 해야 되겠다. 아이고, 서울 한 번 오기도 힘들고……"라고 말씀하셨다. 서울의 큰 병원 의사가 치매가 아니라고 확진해 주었으니 충분하신 것이다.

그 잠깐의 진료를 받기 위해 왕복 7시간이 넘게 운전해 어머니를 모시고 다녀와야 했다. 진료 당일에는 제대로 걷지 못하는 어머니를 부축하고 진료 수속을 받기 위해 자녀 두 명이 따랐다. 예약을 했다 취소한 것을 제외하고는 검사나 약 처방도 받은 것이 없었다. 우리 등 뒤에서 지친 표정을 한 신경과 의사는 속으로 '뭐야…….' 하고 투덜거렸을지도 모른다. 그럼에도 불구하고 어머니와 우리 가족에게는 최고로 만족스런 진료였고, 그때 어머니의 마음을 정확히 읽어 내고 원하는 반응을 보여 준 그 의사는 최고의 명의였다.

내 가족이 잘하는 것으로는 충분하지 않다

우리 가족은 아버지가 입원했을 때 '운 좋게' 숙련한 간병사를 만났다. 환자였던 아버지도 흡족해하셨고 가족들도 우리도 간병사로부터 돌봄을 받은 것 같다며 고마워했다. 애초부터 우리는 간병에는 전문 간병사의 도움을 받고 우리는 가족 역할에 충실하자고 의견을 모았다. 간병 부담을 덜어 낸 대신 딸로서 아버지와 더 밀도 깊은 시간을 갖고자 한 것이다.

각자 편안한 시간에 여유 있게 아버지와 시간을 보내고, 그동안에는 24시간 병상을 지키는 간병사도 쉴 수 있어 좋아할 것이라고 기대했다. 거의 매일 형제자매들 중 누군가는 아버지 곁에 머물렀고, 간병사에게는 자유롭게 시간을 보내라고 배려(?)를 했다.

그런데 며칠이 지나고 보니 가족들이 아버지 곁을 지키는 시간을 간병사가 힘들어하는 눈치였다. 병원에는 간병사들이 쉴 수 있는 휴게 공간이 없었던 것이다. 그렇다고 비용이 드는 카페나 찜질방 같은 곳에 갈 수도 없고, 집은 멀어서 오가는 것이 더 힘들다고 했다. 환자 침상 옆 보호자 침대가 유일한 쉴 곳이었는데, 가족들이 그곳을 점하고 있으니 간병사로서는 쉼터를 잃었던 것이다.

　그런 사정을 알고 난 후에는 우리는 아버지 침상 곁을 오래 지키는 일이 마음이 편치 않았다. 아버지께서도 신경이 쓰이는지 조금만 시간이 지나면 자꾸 가라고 등을 떠미셨다. 간병사의 비인간적인 근무 조건이 아버지와 우리 사이의 관계와 돌봄의 질에 결정적인 장애 요인이었다. 우리가 시스템에 관심을 가져야 하는 이유가 아닐까 한다.

Part.2 _____

우리 사회가

간병, 간병 가족을 대하는 방식

의료 기술의 발달, 질환의 만성화, 노인 인구의 증가와 함께 병
원도 요양병원, 재활병원, 노인병원, 호스피스병원 등 점점 더
전문화되었다. 아픈 이들이 질환의 급성기를 벗어나 퇴원하더라
도 가정에서 가족들의 돌봄을 받으며 지내기보다 또 다른 병원
에 입원하는 경우가 많아졌다. 이들은 다시 '건강한' 사람이 되
거나 죽음을 맞이하기 전까지 분리된 생활을 하게 된다. 이렇게
건강한 이들과 아픈 이들이 지내는 공간이 따로 구분되고, 아픈
이들은 의례히 분리되어 살아가는 것을 자연스럽게 받아들인다.
그렇게 건강한 이들의 일상에서 '아픈 사람을 보고 사는 것'은
특별한 일이 되어 버리는 것이다.

긴 병에
효자 없다?

    간병 기간이 길어질수록 가족을 간병하는 것이 삶의 한 부분으로 크게 자리하게 된다. 가족들의 삶도 간병 이전과는 영 딴판이 된다. 간병을 중심으로 다람쥐 쳇바퀴 돌듯이 돌아가는 일과 속에서 가족을 돌보는 의미도 빛바랜 지 오래, 그냥 노동이 되어 간다. 자신의 삶이 사라져 가는 것을 눈 뜨고 바라볼 뿐 어찌할 도리가 없다. 아픈 이에 대한 연민과 안타까움, 속상함은 육체적, 심리적, 사회적 어려움 등으로 서서히 희석되고 자기 마음속에 생겨나는, 숨기고 싶은 이기심도 어쩔 수 없이 보게 된다.

    나의 간병을 통해 아픈 이가 점차 나아지면 보람도 있고 서로 고마움도 느끼는 경험이 될 수 있다. 하지만 아픈 이의 병세가 점차 깊어지고 시간이 갈수록 식사며 대소변이며 모든 것을 나에게 의존한다면 이야기는 달라진다. 아픈 이는 가장 가까이에서 간병을 하는 이에게 온갖 불편을 쏟아 놓고, 고마워하기보다 짜증과 투사, 우울을 더 많이 표출하게 된다. 가족들은 서운함을 느끼면서도 '아픈 이니까 이해해야 한다'며 참을 인(忍)을 새기는 순간이 많아질 것이다.

이 상황이 되면 주변에서는 "긴 병에 효자 없다" 또는 "긴 병에 장사 없다"는 말들을 한다. 위로와 공감의 말인지 아니면 혀를 끌끌 차며 유감을 표하는 말인지 의도는 각기 다를 것이다. 오랜 간병을 해본 사람의 말이라면 '나도 해봤지만 처음 같지 않게 흘러가더라.' 하는 위로와 공감의 뜻으로 들린다. 그러나 간병을 해보지도 않은 사람이 이런 말을 한다면 비난의 말로밖에 들리지 않을 것 같다.

인정하고 싶지 않지만, '긴 병에 장사 없다'라는 말. '나는 안 그럴 줄 알았는데, 나는 안 그러려고 했는데' 결국은 그렇게 되어 가는 현실에 가족들은 자책감과 좌절감에 시달린다. 긴 병의 과정은 그렇게 아픈 이와 가족 모두를 피폐하게 만든다. 그래서 "긴 병에 장사 없다"라는 말이야말로 참으로 조심해야 하는 말이다.

하느님은 내가 말기암인 걸 잊어버렸나 보다

아픈 이는 마흔이 채 안 된 나이에 남편을 잃고 혼자 어린 사 남매를 키운 꿋꿋한 어머니였다. 60세가 넘어가면서 크고 작은 질환으로 수차례 병원 신세를 지는 통에 자녀들은 늘 긴장의 끈을 놓지 못했다. 결국 폐암 말기 진단을 받았고 병원에서는 여명이 평균 3개월, 아무리 길어야 6개월이라고 했다. 아픈 이는 삶이 머지않아 끝날 것이라 예상해 혼자 살던 집도 모두 정리했다.

하지만 일반적인 폐암과 달리 아픈 이의 병은 만성 질환처럼 서서히 진행되었다. 통증이나 호흡 곤란 등 폐암과 직접 관련된 증상이 없었기에 퇴원 후 큰딸 집을 시작으로 자녀들의 집을 차례로 돌며 간병을 받았다.

그렇게 1년을 경과할 무렵 아픈 이는 둘째 아들 K의 부축을 받으며 호스피스에 입원했다. K는 "하도 많은 병원을 다녀봤더니 이제는 입원수속 절차가 뻔해요"라며 자세한 설명도 듣지 않고 간호사가 내미는 서류들에 급히 서명을 휘갈겼다. 그리고는 빨리 회사로 들어가 봐야 한다며, "엄마, 주말에 올게요." 하고는 간호사에게 잘 봐달라는 인사를 짧게 남기고 사라졌다. 아픈 이도 익숙한 상황인 듯 스스로 짐을 정리했는데, 그 모습이 마치 오래전부터 이곳에 있었던 이처럼 보였다.

입원 상담을 할 때 K는 말기암 진단서를 보여 주면서 현재 다른 호스피스에 입원해 있는데 너무 멀어서 이쪽으로 옮기려 한다고 했다. 그러면서 "어머니가 아파서 잠을 못 잘 지경이니 안 아프게만 해 달라."고 했었다.

그러나 아픈 이는 혼자 산책을 다닐 정도로 거동에 문제기 없고, 식사도 잘하고, 폐암과 관련된 증상도 보이지 않았다. 입원 첫날이기는 하지만 퇴원을 계획해도 무리가 없는 상태였다. 돌봄 개념보다 의료 서비스의 특성이 강한, 병원 중심의 입원형 호스피스에서는 이러한 아픈 이는 입원과 동시에 퇴원을 권유받기 마련이다.

아픈 이는 어차피 자녀들 집에 있어 봐야 다들 출근하고 혼자 남아 심심하기 짝이 없다며, 반찬을 꺼내 혼자 먹자니 식욕도 없고 귀찮다고 했다. 자녀들은 노쇠한 어머니를 혼자 두자니 출근해서도 마음이 편치 않고, 퇴근해서 집에 온들 피곤해 어머니를 챙기기가 어렵단다.

의료기관인 호스피스 병동이 이들에게는 어머니 식사를 챙겨주고 심심하지 않게 해드리는, 즉 자녀들이 미처 해드리지 못하는 걸 대행하는 곳으로 제격이었나 보다. 혹시 모를 심리적인 어려움이나 영적 고통, 가족 상담 등이 필요할 수도 있고, 아픈 이의 삶의 질을 위해 일단 입원해 보기로 한 것이 어느새 두 달이 지나갔다.

아무리 호스피스에서 원예요법, 음악요법 등 다양한 요법 프로그램이 있고, 자원봉사자나 전문 인력들이 관심을 가지고 말벗을 해주더라도 두 달은 또 다른 반복과 지루함을 줄 만한 시간이었다. 더군다나 아픈 이는 같은 병실에 있던 다른 말기암 환자의 임종 과정을 수차례 목격하며 죽음에 대한 두려움과 불안까지 더해지고 있었다. 아픈 이를 위해서는 입원보다는 가정형 호스피스[238쪽 참고]를 받는 것이 훨씬 유익해 보였다.

K는 호스피스팀의 반강제적 권유로 아픈 이를 집으로 다시 모셨다. 호스피스팀이 기대한 시간은 아픈 이가 '집에서 편안히 자녀들과 지내면서 가족들의 사랑도 느끼고 고마움도 표현하는' 등 홈드라마 같은 엔딩이었다.

하지만 채 2주가 지나기도 전에 아픈 이는 다시 입원을 원했다. "애들 다 나가고 낮에는 혼자 있으면서 집 지키는 셰퍼드나 다름없지……."라며 자신의 처지를 비관했다. 거기에 더해 "하느님은 내가 말기암인 걸 잊어버렸나 보다. 왜 나를 안 데려가시는지 모르겠다. 이렇게 자식들한테 피해만 주고 사는 게 무슨 의미가 있겠느냐"며 심리적으로도 흔들리고 있었다. 결국 아픈 이는 다시 호스피스로 입원하게 되었다.

가시는 길은 외롭지 않게 해드리고 싶었는데

K는 어머니를 위해 쓰느라 더 이상 남은 연차 휴가가 없었다. 지난해 휴가다운 휴가는 생각도 못했으며 이제는 회사에서도 곱게 보지 않는다고 했다. K는 지칠 대로 지쳐 보였다. 호스피스팀은 다른 자녀들이 조금 더 간병에 개입하도록 권했으나 큰딸이 오랜 간병에 지쳐 우울과 스트레스로 정신과 상담까지 받게 되어 K가 주 간병자가 된 상황이라고 했다. 큰아들은 고3 수험생과 재수생인 자녀들이 있어 어머니를 신경 쓸 여력이 없고, 막내아들은 외국에 있어 아예 기대할 수도 없었다. 2주 만에 본 K는 살도 빠진 듯했고 안 보이던 흰머리까지 보였다.

K는 한숨을 쉬며 "원래는 말기암이 이렇게 느리게 진행되는 건 아니지 않나요?"라고 묻다가 당황스러운 표정을 지었다. 자신도 모르게 들키고 싶지 않은 속마음이 튀어나온 듯했다. K는 다시 한숨을 내쉬며 두 손으로 얼굴을 감싼 채 말을 이어 갔다. "우리 어머니가 마흔도 안 되서 혼자 되셨어요. 저희들 키우느라 안 해본 게 없는 분이세요. 그래서 가시는 길은 외롭지 않게 해드리고 싶었는데……."

K는 더 이상 말을 잇지 못했다.

나는 엉겁결에 내뱉은 말일지언정 K가 아픈 속내를 드러낸 것이 오히려 다행스러웠다. 마치 곪을 대로 곪은 종기가 우연찮게 툭 터져 고름을 짜낸 뒤의 시원함이라고나 할까. 어머니에 대한 안타까운 마음과 자신이 처한 현실 사이에서 괴로워하며 자책도 했을 것이다. 자신에게 닥친 문제를 사회적 문제로까지 확대시켜 생각하면서 어쩔 수 없었다고 스스로 위로하고 해결책을 찾으려 전전긍긍했을 그의 모습이 보였다.

아픈 이는 이후로도 임종을 하기까지 두 번 더 입원과 퇴원을 했다. 정확히 말하자면 마지막 입원을 제외하고는, 가족을 위한 입원이었다. 그렇다고 K를 비롯한 자녀들이 아픈 이를 호스피스에 입원시켜 놓고 신경도 안 쓴 것은 아니었다.

일주일에 한 번씩 방문하는 큰딸은 올 때마다 물김치며 전복죽이며 아픈 이가 좋아하는 음식들을 해서 가져왔고, 호스피스와 가장 가까운 곳에 직장이 있는 K는 거의 매일 점심시간을 쪼개어 단 10분이라도 면회를 하고 갔다. 폐암의 진행이 뚜렷이 보이던 마지막 한 달 동안은 큰아들도 주말을 반납하고 간병에 참여했고, 막내아들까지 귀국해 사 남매가 똘똘 뭉쳤다. 사 남매는 SNS를 통해 어머니의 상태와 돌봄의 노하우를 공유하면서 요일별로 간병 순서를 정하는 등 할 수 있는 범위 내에서 최선을 다하고 있었다. 그렇게 아픈 이는 말기암 진단을 받고 2년이라는 시간을 더 살았다.

처음에는 자녀들의 소극적인 태도에 화가 나기도 했었다. 하지만 조심해야 할 부분이 있다. 당장 눈에 보이는 행동은 현재 시점의 모습일 뿐 그들이 수년간 겪은 간병의 험난한 여정까지 보여 주지는 않는다는 사실이다. 그들이 얼마나 애를 쓰고 전전긍긍하며 힘들었는지 잘 모르면서 함부로 평가하는 것은 돌보는 이들에게 이중 삼중의 상처가 될 수 있다.

호스피스에서 일하다 보면 K의 경우처럼 길어지는 간병으로 지친 가족들을 종종 보게 된다. 딸과 함께 남편을 돌보던 부인은 딸의 임신 소식을 듣고 덜컥 떠오른 생각이 '이제 나 혼자 어떻게 간병을 해야 하나'였다고 한다. 딸에 대한 미안함에도 불구하고 감출 수 없는 진심이었다.

어떤 경우는 오랜 기간 남편을 간병하던 부인이 남편이 떠나고 난 뒤 얼마 안 되어 암을 진단받은 경우도 있었다. 진작부터 몸에 이상 징후가 보였음에도 아픈 이 앞에서 자기 건강을 챙기려는 것 같아 자식들에게도 말 못하고 버틴 결과였다. 간병이라는 역할을 맡게 되면 그 순간부터는 아픈 이가 주인공일 뿐 간병하는 보호자는 아픈 이의 그림자 뒤에 감춰지는 것이 현실이다.

가족을 위한 호스피스 보조 활동 서비스와 가족돌봄 휴직제도

현대 사회는 의료 기술의 눈부신 발전뿐만 아니라 삶의 방식과 가치관도 크게 변화했다. 가족의 형태는 핵가족을 넘어 1인 가구가 급증한다. 기혼이건 미혼이건 자녀들이 노부모를 모시고 사는 경우는 드물다. 지방으로 갈수록 자녀들은 수도권에 거주하고 나이 든

부모는 단둘이 또는 홀로 지방에서 지내는 경우가 흔하다. 자녀들은 대부분 맞벌이로 직장 생활을 해 가족 중 누군가 간병이 필요하면 쉽게 시간을 내기 어렵다.

부모 부양에 대한 생각도 크게 변화되었다. 통계청에서 실시한 사회 조사 결과에 따르면 부모 부양이 가족에게 책임이 있다고 생각한 비율이 89.9%(1998년)에서 33.2%(2012년)로 감소한데 비해, 사회가 책임을 져야 한다고 답한 비율은 2%(1998년)에서 52.9%(2012년)로 크게 증가했다.

이러한 가족 형태와 사회 인식의 변화에 따라 가족들의 돌봄을 지원하는 사회적 제도가 미비하나마 생기고 있다. 말기암 환자에 국한되어 있지만 입원형 호스피스를 이용하는 경우, 간병에 대한 의료보험 혜택이 가능해져 기존에 내던 금액의 10% 정도만 내면 24시간 간병을 받을 수 있다. '호스피스 보조 활동 제도'인데 이는 호스피스 교육을 받은 요양보호사가 위생, 식사, 이동 등 기본적인 일상생활을 보조하는 서비스다. 아직 제도의 초기 단계로 호스피스 보조 활동 서비스는 기관의 선택 사항이어서 전체 호스피스 기관의 47.5%(2019년)만이 이러한 서비스를 제공한다.

또 최근 많이 알려진 제도 중 하나가 '가족돌봄 휴직제도'다. 이 제도는 조부모, 부모, 배우자, 자녀, 손자녀, 또는 배우자의 부모가 질병, 사고, 노령 등으로 장기적으로 돌봄이 필요한 경우 근로자가 사업주에게 최장 90일까지 휴직을 신청할 수 있는 제도다. 대개 무급 휴직이며 휴직을 신청하면 최소 30일 이상을 사용해야 한다. 단기간을 돌보려면 1년에 최대 10일까지 1일 단위로 쓸 수 있는 '가족

돌봄 휴가제도'를 이용하면 된다. 아직 가족돌봄 휴직에 대해 생소하다는 분위기가 있으나 이러한 제도들이 더 많이 만들어지고 사용된다면 현재 육아 휴직제도가 당연한 권리인 것처럼 가족돌봄을 위한 휴직 역시 당연하게 인식되지 않을까 싶다.

앞으로 우리에게 다가올 미래는 인구의 노령화, 의료 기술의 최첨단화, 질병의 만성화로 가족들의 간병 부담이 피할 수 없는 현실이 될 것이다. 사랑하는 가족을 간병하는 돌봄의 아름다운 가치가 가슴 아프게 훼손되지 않으려면 이러한 제도가 활성화되어야 한다. 그뿐만 아니라 가족들의 돌봄에 대한 노고를 인정하고 격려해 주는 사회 분위기가 만들어져야 할 것이다.

우리는 언젠가 병들고 아플 수밖에 없다. 간병을 해야 하거나 받아야만 하는 때가 누구에게나 온다. 그 시기를 외롭게 고군분투하며 겪지 않으려면 사회적인 제도와 함께 가족을 돌본다는 것이 그저 운 없이 나에게만 닥친 일이 아니라 자연스러운 돌봄의 문화로 자리 잡을 수 있도록 사회적 인식도 함께 마련되어야 할 것이다. 주변에 가족을 돌보느라 지친 지인이 있다면 어깨를 토닥이고 손잡아 주며 "힘들지 않아?" 하며 진심 어린 응원을 보내는 것이 그 첫걸음이지 않을까?

간병으로
이전의 가족 문제가
터져 나오다

　투병하고 간병하는 시기는 가족이나 아픈 이 모두에게 위기이고 힘든 시간이다. 심리적으로나 신체적으로 취약하기 때문에 아픈 이도, 가족들도 비이성적으로 행동하기가 쉽다. 그러다 보면 사소한 문제에 대해 오해하고 별 의미 없이 던진 한마디에 상처받는다. 가장 가까운 이들이라고 믿은 가족들이 민낯을 드러내고 갈등하는 일이 자주 있다. 가족의 틈은 벌어지고 사소한 문제 앞에서 의기투합하기보다는 그것을 계기로 오래 쌓인 문제를 끄집어내어 갈등이 폭발하게 된다. 이 시기를 가족들과 슬기롭게 헤쳐 가려면 우리가 지금 주고받는 대화가 반드시 현재 상황에 대한 반응만은 아니라는 것, 아픈 이의 삶과 오래 묵힌 가족 내 문제들에서 비롯될 수 있다는 점을 인식해야 한다.

아픈 이의 해결되지 못한 문제가 터져 나오다

생애 말기는 아픈 이가 경험해 본 적도 없는 죽음이라는 사건 앞에서 불안과 공포에 사로잡혀 이성적 판단을 하기가 쉽지 않다. 게다가 허약해진 몸과 마음으로 일생에 걸쳐 형성된 관계들과 그 속에서 누적된 문제를 풀어내면서 삶을 총체적으로 정리해야 하는 무거운 과제를 짊어진 시기이기도 하다. 죽음에 직면한 이들은 의외로 자주 오래 전에 사별한 부모와의 해결하지 못한 문제로 고통받는다.

유방암 말기로 여명이 6개월밖에 남지 않은 한 중년 여성의 고백이다.

"내 안에 내적 상처가 무지무지 많았어요. 우리 모친이 다른 사람들에겐 굉장히 너그러워요. 근데 나만 보면 속에서 뭐가 끓어. 죽을 때가 되니까 이미 가고 없는 분에 대한 것이 떠올라요……. 보이지 않는 온갖 원망과 모친에 대한 분노, 막…… 엄마에 대한 어떤 거, 그런 애환이 꽉 눌려서 해결이 안 됐어요. 엄마 이름도 말하기 싫고 죽어서 만날까 두려워. 그러니까 내가 미치는 거예요. 우리 엄마는 남들 앞에선 천사예요. 거지도 오면 그냥 안 보냈어요. 엄마라는 얘기만 해도 속에서부터 터져 나가…… 힘들어지면 엄마에 대한 그게 확 올라와요. 쉬운 게 없다, 죽기도 쉽지 않구나. 얼굴이 경직되고, 뭐랄까 엄마에 대한 억눌림이 얼굴에 투영되어 있었어요.

내가 죽음이 멀지 않았음에도 불구하고 힘들었어요. 죽을 때가 다 되어 가니까 내가 살아온 것을 정리해 가면서 못했던 거 마음 아팠던 거 억눌려 있던 게 올라오니까 그게 힘들더라고요. 그게 제일 힘들었어. 왜냐면 풀어야 하잖아. 돈 같은 건 누구 집 얼마 빚졌어, 그거 갚아라. 이러면 끝날 것 같은데 막상 죽으려는데 엄마를 봐야 한다는 것도 힘들었고…… 신앙생활로 다잡아서 괜찮았는데 다시 대면해야 되니까 진짜 싫어. 너무 싫어!! 엄마를 또 본다는 건. 외할머니에 대한 분풀이도 나한테 오고 아버지가 구두쇠였던 분풀이도 나한테 오고. 난 스물세 살까지 맞았어요. 왜냐면 집에 들어온 시간이 11시 넘었다고. 11시쯤 정류장에서 기다리던 모친은 굳이 주무시던 아버지에게 일러. 저년 이제 왔다고 그러면서 막 두들겨 패…… 그런 모친을 다시 만난다는 건 너무 싫었어요."

이분이 얼마나 절박한 심정이었는지는 죽음을 앞두고 경제적인 부담이 상당한 심리 상담을 매주 빚있다는 사실로 짐작할 수 있다. 이분뿐 아니라 말기에 접어든 많은 아픈 이들이 이미 고인이 되신 선대와 화해하지 못한 상처나 자녀와의 갈등 등 해결되지 못한 문제 때문에 고통받고 있었다. 이런 문제를 먼저 해결하지 않고는 삶에 대한 정리도, 남은 가족들과의 아름다운 작별도 불가능하다.

때문에 호스피스에서는 회상요법이나 의미요법 등으로 살아온 이야기를 풀어놓고 미처 해결되지 못한 마음의 문제를 풀도록 돕는 프로그램들을 운영하기도 한다. 자연스럽게 삶을 돌아보고 자기 이야기를 터놓도록 준비된 질문을 하거나 사진이나 물품을 이용하기도 한다. 여러 가지 방법을 활용하지만 기본은 아픈 이가 자기 이야기를 할 수 있는 자리를 만들고 편견 없이, 판단 없이 들어 주는 것이다. 언제, 어떤 의미를 발견하며 삶을 통합해 낼지는 순전히 아픈 이의 몫이어서 어떤 이는 한 번으로, 어떤 이는 수십 번의 회상과 이야기를 해야 할 수도 있다. "아빠, 그 이야기 몇 번만 더 들으면 백 번이에요." 하는 이야기 속에 아픈 이의 해결되지 못한 문제를 푸는 열쇠가 있을지도 모른다.

경제적 다툼으로 관계가 파탄에 이르다

남편이 사고로 지속적 식물 상태에 빠지기 전까지 S 가족은 유난히 시댁 친지들과 가깝게 지냈다. 남편은 가난한 형편에도 불구하고 대학에 가고 좋은 직장에 들어갈 수 있었던 것이 모두 다른 가족들의 희생 덕분이라 생각했다. 이는 시댁 친지들도 공통된 의견이었다. 남편은 가정을 이룬 다른 형제자매들에게 마음의 빚을 지고 있었다. 결혼 후에도 S의 불만을 무릅쓰고 최선을 다해 다른 가족들을 경제적으로 도우려 했다.

그런 남편이 출장길에 사고를 당해 의식 없이 장기간 투병을 하게 됐다. S와 아이들뿐 아니라 시댁의 여러 가족들도 일상에 타격을 입었다. 모두 충격을 받은 가운데 회복을 위해 모든 사람이 마음을 모으던 초기 간병 시기가 정신없이 지나갔다.

결국 남편은 지속적 식물 상태가 되어 요양병원으로 옮겨서 치료를 받게 되었다. 그 와중에도 남편은 여러 차례 위급한 순간을 맞았고 그때마다 대학병원으로 이송해 중환자실 치료를 받았다. 몇 개월 지나지 않아 주변 사람들은 하나둘 남편의 회복 가능성이 없어 보인다며 S에게 아이들과의 미래에 대비하라고 충고했다.

그 와중에도 시댁 친지들은 절망에 빠진 S를 의심하고 남편의 보험금에 대해 불안해했다. 결혼 후 십수 년이 지났고 아이들이 사춘기에 접어들 정도로 자랐음에도 시댁 친지들에게 S는 남이었나 보다. 동생의 죽음을 눈앞에 둔 자신들만큼이나 남편의 죽음을 앞둔 S도 아프다는 걸 못 믿었는지도 모른다. 시댁 친지들은 S가 남편을 끝까지 책임지지 않을지도 모른다고 의심했다. 어쩌면 의심은 남편의 사고 보상금과 보험금을 요구하기 위한 명분에 지나지 않았는지도 모르겠다.

남편이 사고를 당하고 요양병원으로 전전하는 몇 년 동안 S는 남편의 가장 가까운 혈육들과 남편의 사고 보상금을 두고 치열한 갈등을 경험해야 했다. 이러한 갈등은 남편의 치료를 둘러싼 의사 결정에도 영향을 미쳤다. S는 더 적극적인 치료를 시도하지 않는다고 비난받기도 했고 어떨 때는 남편을 위한 검사와 치료를 포기하지 않는다는 이유로 소용없는 일에 돈을 낭비한다는 비난을 받았다. 가장 믿고 의지했던 사람들이 원수처럼 서로를 할퀴면서 멀어져 갔다.

생각보다 이런 상황에 처한 가족들이 많다. 이때는 아픈 이의 입장에서 보면 떠나는 시기이지만 남겨진 사람들에게는 관계가 새롭게 시작되는 시간이기도 하다. 아픈 이를 중심으로 이루어진 관계가 아픈 이가 없는 상태에서 이상적으로 재형성되어야 하는 시기인 것이다.

이런 중요한 시기에 경제적인 문제에 집중하다 보면 돈의 재분배가 목적인 것처럼 휩쓸리기 쉽다. 죽음을 앞둔 동생 혹은 남편이 가장 바라는 것이 무엇일지 아픈 이의 마음을 먼저 헤아려 보는 것은 어떨까? 아마도 형제자매들에게 남겨진 아이들이나 부인을, 부인에게는 역시 부모님과 형제자매들을 부탁하고 싶지 않았을까? 그렇다면 아이들에게 비록 아빠는 없을지라도 할머니, 고모들이 든든하게 곁을 있을 것이고, 아들이나 동생을 잃은 시댁 식구들에게는 손주 혹은 조카들이 남을 수 있을 것이다.

더 많이 사랑받은 자식은 따로 있는데

부모님은 고향에서 평화로운 노후를 보내실 수도 있었다. 하지만 오로지 맞벌이 아들 부부를 도울 목적으로 생애 후반기에 평생을 지낸 시골 생활을 청산하고 상경하셨다. 남은 돈으로 아들의 사업을 지원했고, 손자 손녀를 돌보며 살림도 맡아 주셨다. 딸들의 입장에선 여러모로 위태로운 결정 같았지만, 말릴 수 없었다. 평생을 아들바라기로 살아오신 두 분이었다. 딸들의 입장이나 의견을 고려하는 분들이 아니었다. 그렇게 몇 년이 흘러 연로해진 부모님은 차례로 병이 드셨다. 아들의 사업은 생각처럼 쉽게 풀리지 않았고 두 분이 기대했던 만큼 흡족한 결과를 내지 못했다.

먼저 자리에 누우신 건 평생을 큰소리치며 살아오신 권위적인 아버지셨다. 아버지의 투병 기간은 같은 건물에서 부모님을 모시고 사는 아들 부부뿐 아니라 딸들에게도 힘든 시간이었다. 맞벌이를 하는 아들 부부를 대신하여 제각기 결혼해 가정을 이루던 중년의 자매들이 간병에 총동원되어야 했다. 딸들은 시댁 눈치를 보며 병원비와 간병 비용을 함께 부담하고 간병 노동을 담당했다.

그럼에도 불구하고 아버지는 끝내 딸들의 고생을 알아주려 하지 않았다. 그럴 때면 '부모님 덕을 많이 봤으면서' 간병에선 더 많은 부담을 지지 않는 오빠에 대한 원망들이 터져 나왔다. 오빠는 오빠대로 받은 것보다 힘든 것이 더 많았다며 서운해했다. 부모님 입장에서는 아들을 위해 손자를 돌봐 주러 오신 것이지만, 며느리 입장에서는 '부모님을 모시고 살아 준 것'이니 할 말이 많았다. 권위적인 아버지의 딸로 살아오면서 가슴에 차곡차곡 쌓인 서운함과 원망은 꺼내 놓을 기회도 없었다. 애증에 시달리며 도리에 기대 긴 간병을 버텼다. 몸과 마음이 지쳐 모두 포기하고 싶어질 무렵 아버지께서 눈을 감으셨다.

기쁜 마음으로 살뜰하게 보살핀 기억보다 힘들고 지친 마음속을 오가던 온갖 원망과 갈등들이 더 크게 남아 있었다. 가족들은 저마다 애증과 슬픔, 회한과 자책을 안고 각자 아버지가 떠난 후의 시간을 견뎠다. 입을 열면 자신에게서 어떤 상처가 될 말들이 튀어나올지 몰라 모두 굳게 입을 다물었다. 뚜렷한 이유도 없이 만남이 불편하고 관계가 서먹해졌다.

미처 그 마음들을 수습하기도 전에 어머니가 말기 암 진단을 받고 자녀들은 다시 긴 간병 생활을 시작했다. 평생을 조용하고 순종적인 아내, 희생적인 어머니로 살아오신 분이 병이 깊어지자 다른 사람처럼 변해 갔다. 이미 말기였고 고령인지라 의사도 권하지 않는 치료에 집착했고, 자녀들에게 더 많은 헌신을 요구했다. 수술할 상태가 아니라 항암 치료만 할 수 있음에도 번번이 더 나은 병원에 가기를 고집했고, 입원할 때마다 1인실로 보내 달라고 억지를 부리셨다.

그때마다 형제자매들 사이에 작은 분란이 일었다. 더 잘 해드리자는, 그래서 서로 비용을 더 감당하자는 자녀도, 힘겨워하는 자녀도 있었다. 각자 할 수 있는 만큼만 하자는 것으로 해결될 문제도 아니었다. 누구는 조금이라도 더 좋은 시설, 비싼 병실에서 치료받고자 하는 어머니의 뜻에 맞춰 주자고 했고, 누군가는 그런 태도가 어머니의 억지 주장을 조장한다고 비난했다.

먼 거리를 오가며 하는 간병에 지친 K가 차라리 자신이 어머니를 모시면 어떨까 의중을 내비쳤다. 집에는 보살필 또 다른 가족들이 있었지만, 기왕 힘든 김에 집으로 모시면 마음이라도 흡족하지 않을까 했던 것이다. 오빠 부부는 그 말을 자신들의 돌봄이 불만스럽다는 비난으로 받아들였다. "당연히 아들 곁에 계셔야지" 하며 선을 긋는 자매들의 말도 K나 오빠 부부에게 상처가 되었다.

"정 그렇다면 네가 어머니를 모셔 보고 힘들면 다시 모시고 오라"는 오빠의 말도 K에게는 공격으로 느껴졌다. 배려의 말로 들을 수도 있는 것을 '네가 정 그렇게 원한다면'에 방점을 찍어 '얼마나 힘든지 네가 한번 해보라'는 의미로 해석하는 식이었다. 모두 마음속에 너무 많은 이야기들이 들끓어서 입을 떼는 것이 불가능했다. 그저 끝날 것 같지 않은 시간을 견디며 위태롭게 하루하루를 버티는 수밖에 없었다.

종교 전쟁

가정형 호스피스^{238쪽 참고}를 받던 H 부부는 독립한 자녀들이 여러 명 있었지만 멀리 살고 있어 가족들의 지지가 충분하지 않았다. 간병하는 남편이 상당히 지쳐 있었고 건강도 좋지 못했다. 때문에 아픈 이는 조금이라도 더 가사 노동을 하려고 자신을 소홀히 돌보았다. 호스피스팀은 두 사람 모두 휴식을 위해 호스피스 병동에 단기 입원할 것으로 권유했다.

부부는 호스피스가 무엇을 하는 곳인지는 정확히 알지 못했지만, 자신들을 입원시켜 돌봐 주는 곳이 있다는 사실에 감격하며 적극 동의했다. 그런데 예상 못한 곳에서 난관에 부딪혔다. 호스피스가 비용이 많이 드는 곳으로 오해한 자녀들이 반대했기 때문이다. 호스피스팀은 병실료와 간병비를 제외하고는 경제적인 부담이 거의 없을 것이라고 설명했다.

그러자 이번에는 종교가 다른 둘째 딸이 호스피스 기관이 가톨릭계 수도회에서 운영하는 기관임을 문제로 삼았다. 종교적 신념이 강한 둘째 딸은 이전부터 부모님이 기독교 교회에 다닐 것을 권유했었다. 부인이 잠시 가톨릭 교회를 다닌 적이 있고, 신뢰하는 호스피스팀이 있는 기관에 입원하기를 원했다. 결국 호스피스팀이 자녀들에게 '호스피스 기관은 종교기관이 아니라 의료기관이다. 아픈 이와 가족의 종교적 선택과 신념을 존중하고 강요하지 않는다.'고 설명한 후에야 부인은 호스피스 병동에 입원할 수 있었다.

이후에도 이 가족은 여러 번 종교 문제로 갈등을 일으켰다. 자녀들과 손자 손녀들까지 포함해 가족 내에서 총 4개의 종교 집단이 형성되어 충돌을 일으키고 있었다. 가톨릭교, 기독교, 불교에 이어 남묘호렌게쿄까지. 특히 임종이 가까워지자 할머니가 마지막 순간까지 회개해 구원받지 못하고 돌아가실 것을 걱정해 학교까지 결석하며 할머니 곁을 지키겠다는 손녀까지 가세해 임종과 장례를 둘러싼 종교적 갈등은 극에 달했다.

호스피스팀은 모든 것을 아픈 이, 죽음을 앞둔 이의 바람에 맞추어 진행할 것으로 제안했다. 임종 순간이나 장례 과정에서는 각자 자신의 방식대로 충분히 애도하는 시간을 갖도록 설득하면서 이들의 종교 전쟁을 중재했다.

이처럼 간병 상황, 특히 삶의 마지막 시기는 아픈 이와 주변 사람들, 이미 사망하고 없는 이들의 복잡한 사연들이 얽히면서 진행된다. 모두 힘들고 지친 상황, 아픈 이와의 관계와 삶 경험이 제각각인 사람들이 아픈 이를 둘러싸고 벌어지는 일에 함께 놓이는 것이다. 어떻게 풀어 나가는가에 따라 힐링의 시간이 되기도, 또 다른 상처의 시간이 되기도 한다. 가족들 사이에 어느 때보다 많은 대화가 필요한 시기다. 이때 "어떻게 그럴 수 있냐?" 하는 식의 감정적인 한마디는 모두의 입을 막고 대화 가능성을 차단하는 최악의 대화 방법이다. 아픈 이와 맺은 각자의 관계가 서로 다르다는 것을 인정하고, 다른 의견이나 입장에 대해 열린 태도로 수용하는 것이 무엇보다 중요해 보인다.

가부장적 현실에서
간병이 설 자리는 없다

간호사들 사이에서는 환자만큼이나 중요하게 여기는 것이 누가 그 환자의 곁을 지키고 있는가이다. 보호자의 성별이나 연령에 따라 환자의 '때깔'이 달라진다고 말하는 것이 솔직한 표현일 것이다. 물론 모두 그런 것은 아니지만, 대개 여자가 주 보호자일 때는 따로 말하지 않아도 세안을 돕거나, 시트를 갈거나, 기저귀를 교환하는 등 기본적인 돌봄을 알아서 하는 경우가 많았다.

하지만 남자의 경우 간호사들의 성에 차지 않는 일이 허다했다. 일흔을 훌쩍 넘어 여든이 가까운 연세로 가부장적 돌봄 문화에 익숙한 남자 어르신들이 보호자일 때는 특히 힘들다. 이쯤 되면 간호사들이 툴툴대기 마련이다. "환자만이 아니라 보호자까지 둘을 돌봐야 한다.", "하실 수 있는 것이 아무것도 없다." "간호사를 불러서 하나에서 열까지 입으로만 하신다."는 불평불만이 쏟아져 나온다.

가부장적 문화는 단순히 남성 보호자들이 간병이나 돌봄에 미숙한 문제로 그치지 않는다. 배우자인 성인 남자들이 빠져 있고, 그것이 돌봄을 사회적으로 고민하는 데도 장애가 된다.

간병이라는 기회를 놓치다

82세의 U는 간암인 부인의 보호자였다. 부인은 이미 병세가 깊고 우울증이 심해 의료진이 질문을 해도 눈을 감은 채 대답을 피하는 등 접근이 어려운 환자였다. 낮에는 U가 부인의 곁을 지켰고, 저녁이면 직장 생활을 하는 두 딸이 교대로 밤을 새웠다. 아들이 있었으나 어찌된 이유인지 간병 역할에서 제외되었고, 주말이면 마치 손님처럼 아들 내외가 다녀갔다.

딸들은 퇴근 후 바로 병원으로 와서 피곤할 법도 했지만 몸을 닦아 드리고 옷을 갈아입히는 등 잠시도 가만히 있지 않고 분주히 어머니를 돌봤다. 아픈 이는 딸들과 있을 때 가장 편안하고 안정되어 보였다.

딸들이 출근한 후 낮 시간에 아픈 이의 곁을 지키는 U는 말 그대로 곁에 있기만 할 뿐 아무것도 하는 것이 없었다. 두 시간 간격으로 아픈 이를 돌아 눕히지도 않았고, 소변을 보았는지 기저귀를 확인하지도 않아 모든 것을 간호사들이 직접 해야 했다. 어쩌다 기저귀가 젖은 것을 발견하면 U는 간호사를 불러 기저귀를 갈아라, 시트를 교환해라 지시만 할 뿐이었다. 간호사가 그 일을 하다 도움이 필요해도 돕기는커녕 간호사 한 명을 더 데려오라며 화를 내기도 했다.

낮 동안 제대로 간병하지 않는 문제로 큰딸과 상담하게 되었다. 큰딸은 자신뿐만 아니라 둘째 딸도 U와는 말하고 싶어 하지 않는다고 했다. U는 지나치게 가부장적인 아버지였다. 딸들에게 U는 엄격한 정도를 넘어 가혹한 폭군 같았다. 그의 말은 곧 '어명'이었고, 반대는 상상도 못할 일이었다.

또한 U는 평생 아픈 이를 무시하며 '종 부리듯이' 대했고, 어린 딸들이 보는 앞에서 어머니를 폭행하기도 했다. 아들인 막내에게는 "집안을 책임질 장남"이라고 칭하며, 두 딸을 무시한 만큼 아들에게는 모든 것을 다 들어주고 수용했다고 한다.

이야기를 하는 동안에도 딸에게선 아버지에 대한 서운함을 넘어 분노가 느껴졌다. 그런 아버지가 어머니의 기저귀를 갈아 주는 것은 기대하지도 않는다며, 그런 이야기를 해봐야 간호사들만 힘들 것이라고 했다. 딸들은 진작부터 어머니에게서 아버지를 떼어 놓고 싶어 낮에는 사설 간병사를 쓰려고 했으나 U가 극구 반대한다며, 되레 "우리는 할 만큼 말해 보았으니 아버지를 설득해 달라."고 부탁했다.

다음 날 U에게 간병사를 부르는 것에 대해 상의하자 펄쩍 뛰면서 "딸들이 둘씩이나 있는데 무슨 소리냐."고 역정을 냈다. 오히려 직장을 그만두고 어머니 곁을 지키지 않는 딸들에 대한 괘씸함을 노골적으로 표현했다. "여자가 무슨 직장에 목숨을 걸 것도 아니고, 그깟 일이 뭐가 중요하다고 제 엄마를 낮에 돌보지 않느냐."고 화를 냈다. 듣고 있기에 나의 마음도 불편해 "따님들뿐만 아니라 아드님도 직장 생활을 하고 있지 않으세요? 요즘 취업이 너무 어려워서 자녀분들이 선뜻 직장을 그만두기 어려울 거예요."라고 딸들의 입장을 두둔했다. U는 한심하다는 표정으로 "아들이 하는 일과 딸이 하는 일은 천지 차이"라고 하며 "남자는 무릇 바깥에 나가 큰일을 하는 것이고, 여자는 집안일과 부모님을 모시는 일을 하는 것"이라고 했다. 손님처럼 다녀가는 아들의 모습은 U의 뜻이기도 했다. U는 겉으로는 20세기를 살면서도 조선 시대의 생각을 하고 있었다.

그런 U가 낮 동안 부인의 곁을 지키려는 이유가 궁금했다. 자녀들이 간병비 부담을 하겠다는데도 꼭두새벽에 나와서 딸들과 교대하며 아무것도 안 하는데도 부인의 곁을 지키는 이유를 물었다.

U는 "지아비"라는 표현을 사용하며 지아비로서 당연한 도리라고 했다. 그러면서도 앞으로 부인이 떠나면 자기 혼자 남을 것이고 딸들의 태도를 보아하니 의절을 할 것 같다며 자식을 잘못 키웠다고 한탄했다.

부인과 사별 후 얼마 지나지 않아 U는 호스피스병원을 다시 찾았다. 예상대로 딸들과는 연락이 끊겼고, 아들과는 원래 데면데면하던 터라 외로우셨던 것이다.

간병 행위는 그 자체로 말로 표현하지 못하는 마음을 드러내는 효과가 있다. U가 평생 부인을 무시하고 고생시킨 시간은 돌이킬 수 없더라도 아픈 이의 곁에서 직접 간병했다면 뭔가 달라지는 부분도 있지 않았을까. 남성 노인들은 부인을 간병하면서 평소 말하지 못한 속마음을 드러내곤 한다. 뼈만 남은 앙상한 팔다리와 주름진 피부를 닦으면서 "이게 다 뭐냐, 왜 이렇게 말랐어, 이게 사람 다리냐." 하면서 혀를 쯧쯧 차는 것이다. 그 말 속에 속상하고 안타까운 마음이 그대로 묻어나고, 아픈 이도 그 마음을 느낀다. U는 자신의 가부장적 생각 때문에 그런 귀한 기회를 놓쳐 버린 것이다.

며느리와의 갈등에 인지 장애가 묻히다

오십 대에 아버지와 사별한 R의 어머니는 장남 가족과 함께 살며 손자를 키우고 살림도 맡아 하셨다. 어머니는 누구보다 장남을 사랑하셨고, 장남과 함께 지내는 것을 자랑으로 여기셨다. 하지만 그만큼 큰 며느리와는 갈등이 많았고 사이가 좋지 않았다. 유별난 아들 사랑에 비해 며느리에게 함부로 대하셔서 딸들도 "어머니는 해 줄 것은 다 해주고 말로 다 까먹는다."며 흉을 보고는 했다. 그래서 부쩍 딸들에게 전화해 며느리 흉을 보거나 다툼 끝에 말을 않고 지낸다는 이야기에도 "또 시작이시네."하고 한숨을 쉬고는 지나쳤다.

며느리와의 갈등이 심해져 어머니가 같은 건물 2층으로 분가하셨을 때에도 어머니께는 장남뿐이었다. 때문에 어머니와 며느리가 1, 2층에 따로 살기로 결정하는 상황에서도 자녀들은 집을 따로 구해 드리고 아침저녁으로 오가며 살펴 드리는 것도 돌봄의 한 방편이라고 생각했다. '오빠가 중간에서 고생이 많네.' 생각하며 그러려니 하고 넘겼다. 전화로 어머니의 불평불만을 들어 드리는 것으로 자기 역할을 충분히 하는 줄 알았다. 시시비비를 따지는 것 자체가 의미 없으며 그저 어머니와 올케 입장을 모두 이해하고 다독이는 수밖에 없다고 느꼈기 때문이다. 돌이켜 보면 그 무렵부터 어머니는 종종 노인정에서 "누가 내 돈을 훔쳤다"고 이야기했다. 하지만 그 역시 노인들 사이에 있을 수 있는 일이라고 생각했었다. 기운차게 자기 주장을 고집하고 조리 있게 다른 사람의 문제를 파고드는 어머니를 두고 다른 생각을 하기는 어려웠다.

그런데 휴가를 다녀오는 길에 어머니 댁에 잠시 들른 R은 깜짝 놀라지 않을 수 없었다. 집안에서는 심한 냄새가 났다. 홀로 계신 어머니가 식사를 제대로 챙겨 드시는지도 의심스러웠다. 깡마른 어머니는 변비가 심해 화장실을 제대로 못 가고 피부 습진도 심했다. R의 눈에 어머니는 이상한 방향으로 고집이 세지고 행동도 이상했다. 무엇이든 당신 뜻대로 되지 않으면 화를 내며 난폭해지셨다. 하지만 오빠는 그것을 어머니의 '유별난 성품'과 '못 말리는 고집'이라며 대수롭지 않게 여기려 했다. 병원에 가도 질병 없이 건강한 상태라는데, 어머니는 점점 더 다른 사람 말을 안 들으시니 더 이상 어떻게 하겠냐는 것이다. 어머니의 의심과 폭언에 지칠 대로 지친 올케는 어머니에 대한 언급도 피하고 있어 R은 자세한 사정을 알아볼 곳도 없었다.

그러나 R은 며느리와의 갈등에 가려져 어머니의 '치매 초기 증상'을 놓친 것은 아닐까 하는 의구심이 들었다. 어머니와 올케 사이에서 오래 고통받았을 오빠도 포기하고 회피하는 것처럼 보였다. 아침저녁 잠깐씩 문 앞에서 어머니 얼굴을 접하면서 내린 오빠의 판단을 믿기에도 찜찜했다. 원래 함께 살고 있거나 자주 만나는 사람은 조금씩 변해 가는 인지 장애나 치매 증상을 발견하기 어려운 경우가 많다.

그래서 R은 언니와 상의했다. 딸들이 모시고 와서 "치매 검사라도 해보면 어떨까?" 하고 말이다. 예상 외로 언니는 "여태껏 모시는 오빠가 가장 잘 알겠지." 하면서 완곡하게 R이 어머니를 모시고 오는 것에 반대했다. R은 건강도 나쁘고 치매에 대한 편견이 심한 언니가 어머니의 치매 진단을 두려워하는 것은 아닌가 짐작했다.

다시 R이 어머니 댁을 방문했을 때 상태는 더 심각해져 있었다. 집안뿐 아니라 어머니 몸에서도 악취가 났다. 주요 원인은 소변을 보고 수건으로 뒤처리를 하신 탓이었는데, 화장지를 쓰시라고 챙겨 드려도 소용이 없었다. 냄새나는 옷가지를 갈아입지 않고 여기저기 함부로 침을 뱉었다. 먹은 걸 뱉어 숨기는 등 주변에서 참기 힘든 행동들을 하셔서 모두의 기피 대상이 되어 있었다. 매일 다니던 노인정에서조차 어머니를 꺼려 아무도 없는 척 문을 잠그고 피할 정도라고 했다.

오빠는 끝까지 자신이 어머니를 모실 수 있다고 주장했지만, 식사와 위생을 비롯해 약을 챙겨 드리는 등 일상적인 보살핌도 되지 않는 상황이었다. R이 보기엔 어머니는 치매 증상이 있었다. 올케의 보살핌에서 멀어짐과 동시에 사실상 방치 상태에 있었던 것 같았다. 결국 R은 그 모든 갈등과 어머니의 반대를 무릅쓰고 어머니를 자신의 집으로 모셨다.

R과 지내는 사이 어머니는 안정을 찾으셨다. 변비와 피부 습진을 비롯해 전반적인 신체 상태가 호전되었다. 침 뱉고 욕을 하는

등 거친 행동도 나아졌다. 얼마 지나지 않아 어머니는 주간보호센터^{243쪽 참고}를 다니셨고, R은 낮에 몇 시간이라도 어머니와 떨어져 시간을 보냈다.

그럼에도 불구하고 어머니를 돌보며 지내는 1년여는 고통이었고, 여러모로 시험에 드는 시간이었다. 지나고 보면 의미 있는 시간이라 위안 삼을 수도 있지만, 다시 되풀이할 엄두가 나지 않았다. 치매 노인의 온갖 기행을 받아 내느라 노이로제에 걸릴 것 같았다. 정신이 피폐해지는 시간, 없던 심장병도 생길 것 같은 시간이었다.

그 와중에도 "매일 배달시켜 먹던 우유를 1층에서 가져다주던 아들"을 효자라 칭하며 자랑하고 그리워하는 어머니를 보면서 R은 올케를 이해할 수 있게 되었다. 가장 옆에서 온갖 험한 일을 해내며 보살펴 주는 딸과 며느리에게는 한없이 인색하고 거칠기만 한 어머니였다. '아들에게 돌봄받은 기억이 그것밖에 없으신 것일까?' 하고 안쓰러운 마음마저 들었다.

아들을 그리워하며 딸과 며느리의 돌봄을 받으며

E가 어머니를 돌보는 과정도 비슷하였다. 요양병원 중환자실에 입원했지만, 간병 인력이 부족한 병원 간호사들은 가족들이 옆에서 간병해 주었으면 하고 바랐다. 가족이 있는 동안에는 어머니의 온갖 시비와 요구에서 자유로울 수 있기 때문인 것 같았다. 하루 종일 병상에 계신 어머니는 많은 시간 동안 아들을 그리워하며 지냈다. 효

성 깊은 아들은 매일 빠지지 않고 병문안을 왔지만 잠시 행복해하신 어머니는 행여 아들이 힘들세라 등 떠밀어 보내기에 바빴다. 그리고 그 서운함과 아쉬움을 옆에서 간병하는 E와 주변 사람들을 들볶으면서 푸는 것이었다.

먼 길을 매일 출퇴근하며 간병하던 E가 너무 힘이 들어 사설 간병 서비스를 이용하면 어떨까 말을 꺼냈다. 어머니는 "딸들이 있는데 내가 왜 남의 손을 빌려야 하냐."고 역정을 냈고, 남동생도 서운한 기색을 감추지 않았다. E가 더 자주 들러 어머니와 시간을 보냈으면 한다는 것이다. 남동생은 E가 어머니와 보내는 시간이 어떤지, E가 어떤 마음으로 병문안 겸 간병을 오는지 전혀 이해하지 못했다.

동생이 돌아가고 나면 E는 요양병원 중환자실의 황폐한 풍경 속에 남겨져 온통 원망과 한탄, 비난뿐인 어머니의 말들에 휩싸여 시간을 보냈다. 어머니가 무너지는 모습을 지켜보면서 처참한 심정으로 "우리 어머니의 마지막이 왜 이런가." 자문하곤 했다. 막다른 상황에 몰린 심정인 E를 두고 가족들은 저러다 우울증이라도 앓는 건 아닌지 염려했다. 그럼에도 E에 대한 어머니의 태도는 살갑지 않았다.

맞벌이를 하며 그럭저럭 안정된 삶을 살아가는 아들이 안쓰러운 어머니는 애먼 딸들을 원망했다. 아들에게 경제적인 도움을 주지 않는 '인정머리 없는' 딸들을 탓했다. "병든 어미를 두고 저 혼자 잘사는 딸", "힘든 동생을 외면하는 매정한 딸"이라고 대놓고 비난하기도 했다. 아들에게는 여전히 자애롭고 애처로운 어머니가 E에게는 생에 대한 집착을 놓지 못하는 폭력적인 낯선 노인이 되어 있었다.

이렇게 아들을 향한 마음, 아들과의 관계에서 비롯된 문제는 아들과 해결해야만 했다. 말기 돌봄은 단순히 신체 돌봄이라는 간병 노동의 측면보다는 삶과 관계의 재정립이라는 측면이 더 중요하기 때문이다. 그런데 남자들은 흔히 돌봄을 낯설어하고, 병원비와 간병 비용을 대는 것으로 할 일을 다 했다고 여겨 부모의 돌봄을 부인에게 미루기도 한다. 이처럼 아픈 이와 가장 중요한 관계인 사람들이 간병에 무관심하거나 무지한 가정, 가부장적인 태도를 견지하는 가정일수록 긴 간병 과정에서 무너지기 쉽다.

간병은 가장 취약한 사람의 몫

대부분의 아픈 이들이 특정 가족의 간병을 선호하는 경우가 많아 여러 명이 돌아가면서 간병하는 경우는 드물다. 그럴 경우 간병을 전담하는 가족은 정상적인 사회 활동이나 자기 삶을 살 수가 없다. 결과적으로 한 사람을 희생시켜 나머지 가족들은 정상적인 삶을 영위하는 양상이 된다.

더욱이 문제가 되는 것은 전담하는 이들 대부분이 미혼이거나 무직, 부양가족이 없어서 시간을 내기 쉬운 이들, 혹은 직장이 있더라도 상대적으로 수입이 적은 사람이라는 사실이다. 이들은 이미 자신이 처한 조건만으로도 스트레스가 많아서 간병 때문에 '내 인생이 이렇게 됐다'는 피해 의식이 생기기도 쉽다. 그리고 이런 피해 의식이 전혀 근거가 없는 것도 아니다.

한 명이 전담하는 대신 형제들이 돈을 모아서 생활비를 대는 등 경제적으로나 물질적으로 도움을 주기도 한다. 그러나 간병을 전담하는 사람의 입장에서 직업은 수입의 많고 적음을 떠나 자신의 생업이고, 간병이 끝난 다음에 삶을 살아갈 기반이다. 그 공백기를 어떻게 채울지는 고려되지 않는다. 더 중요한 것은 돈을 내는 가족들은 큰 부담을 갖고 지원하지만 주 간병자의 입장에서는 충분하지 않은 경우가 많다는 것이다. 간병에는 표 나지 않는 비용이 생각보다 많다. 군이 따지자면 아픈 이와 간병하는 사람의 생활비 외에 간병에 들어가는 비용도 만만치 않다. 기저귀 값, 물티슈, 위생 장갑, 영양음료, 목욕용품 등. 여기에 간병하는 사람의 인건비까지 고려되어야 하는데 다른 가족들은 이것을 간과하기 쉽다.

간병 상황에서 돈, 직업, 수입 같은 얘기를 꺼내는 것을 좋지 않게 바라보는 인식 때문에 주 간병자가 앞서서 이런 문제를 거론하기도 거북하다. "이 상황에 그런 말이 나오나?" 하며 속물 취급하는 문화. 그래서 필요한 말을 제때 못해서 끙끙 앓다가 일을 키우고 불화가 깊어지는 것이다. 그렇게 보호자인 주 간병자가 우울해지면 아픈 이에게도 영향을 미치게 된다. 이런 문제를 좀 더 솔직하고 담백하게 드러내 상의하는 것이 꼭 필요하다. 당사자가 직접 이야기를 꺼내는 것을 좋지 않게 바라보는 풍토라면 전문가들이 개입해 가족회의를 하는 것도 좋은 방법이다.

여성 보호자, 남성 보호자

M의 부인은 췌장암을 선고받고 5개월 만에 세상을 떠났다. 간병하던 시간을 M은 "살리기 위해 온갖 것, 좋다는 건 다 해봤는데 안 되더라고."라고 회상했다. 공기 좋은 산 속에 펜션을 얻어서 생활하면서 유명하다는 병원이나 의사들도 빠짐없이 찾아다녔다. 일본에서 수술할 수 있다는 말을 듣고 연고도 없이 일본 병원까지 찾아가 입원했었다. 수백만 원 주고 산 적외선 침대는 써 보지도 못했고, 집에는 뜯지도 않은 약들, 보조 식품들이 산더미처럼 쌓여 있다고 했다.

부인과 단둘이 생활하면서 간병을 했다는 M에게 "많이 힘드셨겠어요."라고 했을 때 뜻밖에도 M은 "어이구, 뭐. 5개월 금방 지나갔는데요, 뭐."하며 손사래를 쳤다. "집사람은 거의 온종일 진통제 먹고 누워만 있고, 반찬 같은 건 며느리들이 해다 주고, 중요한 결정은 아들이랑 상의하고, 집도 새집이라 가사 노동이랄 것도 없고, 내가 힘든 건 없었어."라고 하는 것이다. 밥하는 것 정도는 할 수 있으니까 밥 챙겨 먹이는 것밖에 없었다고, 손발 닦아 주고 머리 감기고 약 챙겨 먹이고 그런 것뿐이었다며, 그나마 마지막에는 매일 손발을 주물러 주는 것밖에 없었다고 했다.

M의 이야기를 듣다 새삼 느끼게 된 건 남성이 간병을 담당하면 주변에서 도움을 많이 주는 것 같다는 것이다. 누구나 남성이 돌봄에 익숙하지 않아서 힘들 거라 인정하고 지원해야 한다고 느끼기 때문이다. 따라서 온전히 남성 간병자에게 모든 것을 맡기지 않고 주

변에서 적극적인 도움을 준다. 간병 서비스나 방문 요양 서비스[242쪽 참고]를 이용하는 것도 수용적일뿐 아니라 적극 권장하기까지 한다. 따라서 간병하는 남성은 간병 노동의 부담이 적고 고립될 위험도 적어 보인다.

그에 비해 여성이 간병하는 경우 주변의 지원은커녕 아픈 이의 병이 여성의 잘못이라는 비난까지 더해지는 경우도 있다. 실제로 간병하는 여성들은 남편의 병이 잘못된 식습관을 방치한 자신의 탓이라고 여겨 자책하는 일이 많았고, 미숙아나 장애가 있는 아이를 간병하는 엄마에게 시댁 친지들이 노골적으로 엄마 탓을 하는 경우도 흔했다.

이처럼 남성 간병자의 경험이 다르다는 사실은 거꾸로 해석해보면 사회의 인식과 태도가 달라지면 여성 간병자를 비롯하여 취약한 조건에서 가족을 간병하는 이들의 경험도 달라질 수 있음을 보여준다.

이토록
아픈 이들이 많은데…
보이지 않는 사람들

암 등 중병을 앓는 가족을 돌보는 이들이 주변에 그런 사실을 알리지 않는 경우가 많다. 그들과 친밀한 관계에 있는 사람들은 그 사실을 알면서도 모르는 척해 주는 것을 배려로 여기는 분위기도 있는 것 같다. 그래서 간병으로 힘든 친구가 편한 마음으로 모임에 빠질 수 있도록 배려한다. "요즘 애 상황이 좋지 않으니까 스스로 연락할 때까지 연락하지 말자." 혹은 "맘 정리 다 하고 천천히 나와." 하고 말이다.

아픈 이가 있다는 것, 죽음이 우리 주변에 있다는 사실을 말하기를 꺼리고 터부시하는 이런 분위기가 아픈 이와 함께 간병 가족들을 사회적으로 고립시킨다. 간병을 드러내는 것이 주변 사람들에게 민폐가 된다고 인식해 감추게 되고, 결과적으로 가장 힘든 시기에 고충을 토로할 곳이 없어지는 것이다.

가까운 이들과 기쁨과 슬픔을 나누며 서로 지지하고 의지하는 일상에서 분리되면서 간병 가족의 삶은 정지된다. 아픈 이가 돌아가실 때까지 혹은 간병이 끝날 때까지.

아픈 이와 아파트 섬에 고립되다

가정형 호스피스^{238쪽 참고}를 신청하면서 불러 준 주소지의 아파트 단지를 찾는 것은 어렵지 않았다. 허나 첨단 시스템으로 무장한 최신식 아파트의 정문에서 해당 동호수를 찾아가기까지는 20분이 넘게 걸렸다. 정문에서 맞닥뜨린 차량통제 시스템은 무인으로 운영되어 처음 방문하는 사람이 도대체 어디에다 질문해야 하는지 알 수 없었다. 어찌어찌 정문을 통과해도 해당 동의 지하 주차장 입구, 지하 주차장에서 해당 동으로 이어지는 출입구 등에서 연이어 장애물을 만났다. 우여곡절 끝에 해당 세대의 현관 앞 초인종을 누를 때의 심정은 마치 거대한 도시 깊숙이 숨은 외딴 섬을 찾아온 기분이었다.

그 섬의 출입문을 열어 준 이는 고운 인상에 활짝 웃는 얼굴이었지만 오래 누적된 피로만큼은 감추어지지 않았다. 뇌졸중에 암까지 겹쳐 장기간 와병 중인 남편을 간호하는 60대 부인이다. 깔끔하고 단정하게 정리된 거실은 배경 음악만 흐르면 조용한 찻집이라고 해도 손색이 없었다. 그 한가운데에 놓인 더블 침대 위에 아픈 이가 눈을 감고 누워 계셨다.

부부만 사는 집이라도 앓는 이의 침상이 그렇게 거실 한가운데를 차지하는 경우는 많지 않다. 침대 위치가 이 집의 일상은 아픈 이를 중심으로 돌아가고 있다고, '세상 어디에 나보다 남편을 더 잘 보살필 사람이 있겠냐?'고 말하는 것 같았다.

남편은 의식이 있어 말을 알아듣기는 하지만 뇌졸중에 따른 언어 장애로 의사 표현을 하지 못하고 대부분의 시간을 잠에 빠져 계셨다. 매여 있는 직장은 없어도 교회를 중심으로 다양한 사회생활을 하던 부인은 남편이 쓰러진 이후 온전히 간병에만 매달리고 있었다.

하루 종일 한마디도 나눌 사람이 없는 아파트에서 남편을 돌보며 지내는 생활이 오래 지속되고 있었다. 남편도 자신도 하루에 한 번이라도 바람을 쐬야 할 것 같아 매일 꼬박꼬박 한 시간씩 아파트 단지를 산책하는 것이 아주 중요한 일과라고 했다. 혼자 힘으로 남편을 부축해 휠체어로 앉히고 휠체어가 진입할 수 있는 길을 따라 아파트 단지를 돌고 와서 다시 남편을 침대로 옮겨 눕히는 힘든 일과였다.

홀로 아픈 이를 부축하다 사고라도 나면 어떻게 하나 싶어 부인까지 부상당할까 걱정되었다. 허나 부인은 허리가 아파 보호대를 차는 형편이지만 그런 것은 얼마든지 견딜 수 있다고 말했다. 다만 남편의 상태가 나빠져 산책 때 휠체어에 앉아 있는 그 한 시간에도 욕창이 생기는 지경에 이르렀다며, 이를 어떻게 해야 할지 전문적인 조언이 필요해 방문을 신청했다는 것이다.

우리는 부인께 휠체어에 앉은 상태에서도 간간이 엉덩이를 들어 압력을 줄여 주고 욕창 방지용 공기방석을 사용하고, 침대에도 에어매트리스를 깔아 드릴 것을 권하며 침대에서 아픈 이를 돌려 눕히는 요령을 알려 드렸다. 그 외에도 목욕 의자 같은 간병에 도움이 되는 여러 물품과 장비들이 있으니 이를 구입하기 어려울 경우 대여도 가능함을 말씀 드렸다.

무엇보다 앞으로 더 신체를 돌볼 부분이 많아질 것이기에 부인 혼자 감당하기는 어렵다는 것과 부인이 너무 고립되어 있는 상황임을 알렸다. 남편의 연세가 65세를 넘겼으니 장기 요양 등급^{242쪽 참고}을 받아 하루 몇 시간이라도 요양보호사의 도움을 받는 것이 어떠냐고 권유했다.

한 가지 사실을 알려 드릴 때마다 부인은 그런 것도 있냐고 반색했다. 그런 건 취약 계층만 해당되는 줄 알았다면서 왜 더 일찍 알지 못했나 안타까워했다. 우리는 일상생활을 하며 주변 지인을 통해 자연스럽게 알게 되는 정보도 부인은 장기간 고립되어 거의 얻지 못하고 계신 것이었다.

친구들은 몰라요

그러면서도 부인은 요양보호사나 간병인 혹은 다른 가족들의 도움을 받는 것에는 부정적인 태도를 보이셨다. 남편이 평소에도 무척 깔끔하고 남에게 폐 끼치기를 싫어한 분이라고 했다. 아마 남편이 아픈 모습을 다른 이에게 내보이길 원치 않으실 것 같다고 믿어 마지막까지 남편의 품위와 자존을 지켜 드리고 싶은 마음일 것이다.

부인께는 수십 년째 한 달에 한 번 모임을 갖는 친구들이 있었는데, 그 친구들도 자신의 남편이 말기 암을 진단받고 와병 중인 사실을 모른다고 했다. "좋은 이야기도 아니고 집에 아픈 사람 있다는 것, 그것도 중병을 앓는다는 이야기를 친구들에게 어떻게 해요. 아픈 얘기를 해봐야 다들 멀리하고 안 좋아하잖아요."라는 것이다. 심지어 "친정 식구들에게도 못해요. 오랜만에 만나 방글방글 웃는 모습만 보여야지. 힘든 이야기 못하잖아요?" 하는 것이었다.

오랜만에 이야기 상대를 만난 부인은 말을 아끼던 처음 모습과 달리, 시간이 지날수록 점점 많은 이야기를 쏟아 내셨다. 빠른 속도로 간병의 어려움, 남편과의 결혼 등 힘든 이야기를 털어놓았다. 그렇게 호스피스팀을 만날 때마다 정신없이 이야기를 하던 부인이 어느 날 쑥스러운 듯 고백하셨다. "제가 지금 너무 행복해요. 말할 사람도 없고 혼자 힘들었는데, 이렇게 만나서 얼마나 감사한지 몰라요."하고. 옆에서 주무시던 아픈 이가 잠에서 깨어 편안한 얼굴로 웃고 계셨다. 간병하는 이가 편안해야 아픈 이도 편하다는 평소 생각 때문인지 그날 두 분은 모처럼 표정이 닮아 있었다.

호스피스팀은 이제 가족, 친구들에게 남편의 상태를 말하고 도움을 받을 수 있다면 적극 받아들이라고 충고했다. 친구들 모임에도 빠짐없이 참석하고 싶은데 돌보는 이가 있어 10분이 아쉬운 처지라고 말하라고 조언했다. 그러면 장소와 시간을 정할 때 조금은 배려받아 더 많은 시간을 친구들과 어울릴 수 있고 그 힘으로 간병을 잘해낼 수 있을 거라고 말이다.

고립은 이들의 선택이 아니었다

간병하는 이들이 고립되는 원인에는 여러 가지가 있다. 가장 흔하게는 아픈 이가 병으로 변해 가는 자신의 모습을 보여 주기 싫어해 사람을 꺼리는 것이다. 일생을 의지한 종교 지도자나 가깝게 지내던 친지, 친구들의 방문까지 거부하는 경우는 아주 흔하다. 가정간호, 방문간호**240쪽 참고**를 받고 싶어도 가족 중 누군가 사적 공간에 다른 사람을 들이기를 꺼려서 반대하는 경우도 있다. 이럴 때 간병하는 사람은 아픈 이와 더불어 집안에 고립될 수밖에 없다.

간병하는 사람이 간병 사실을 감추거나 자신만의 간병 방식을 고집하며 타인의 도움을 거부하는 경우도 많다. 이런 경우 주변 사람들은 간병하는 이의 유난스런 성격 때문이라고 생각하기 쉽지만, 사실 이는 주변 사람들이 간병 가족을 대하는 태도에서 비롯되었을 가능성도 크다.

아픈 이나 그 가족들이 가장 부담스러워하는 시선 중에는 무조건 불쌍하게 여기는 시선이 있다. 불쌍히 여기는 데 머물지 않고 '섣부른 위로'나 '간병에 대한 충고'로 이어진다. 많은 경우 그런 위로와 조언은 하지 않은 것만 못하다. 간병하는 당사자는 그 누구보다 많은 정보를 찾아보고 좋은 간병 방식을 모색하며 실천해 온 사람이기 때문이다.

그럼에도 불구하고 조언해 주는 이는 간병하는 이가 그 말을 기꺼워하지 않으면 서운해하고 관계가 불편해진다. 그럴 때 주변 사람들의 충고나 조언은 진정으로 간병하는 이를 돕겠다는 의도보다는 자기 이야기를 하기 위한 핑계로 여겨지기도 한다. 간병하는 이는 이미 심신이 지칠 대로 지쳤고, 이런 부담을 견딜 여력도 없으며, 그래야 할 이유도 못 느낄 것이다. 그렇게 간병하는 이는 대화할 사람조차 없는 고립 상태에 빠져든다. 고립에 따른 정신적인 피폐함과 간병으로 인한 신체적인 부담으로 이곳저곳 아픈 곳이 생겨나 서서히 아픈 이가 되어 간다. 따라서 간병하는 이들의 고립은 그들의 선택이 아니라 주변 사람들의 시선과 태도 등 사회적 압력에서 비롯된 것이다.

고립이 초래하는 위험들

우리는 일상적인 관계 속에서 나누는 소소한 이야기들을 통해 상식을 세우고 합리적인 판단의 근거를 마련한다. 고립된 간병 가족은 이런 일상적이고 상식적인 관계에서 도움을 받기 어려워 비상식적이고 위험한 판단에 빠져들기 쉽다.

가정 방문을 가면 이따금 집안 곳곳에 부적들과 종교적 경구들이 도배된 광경을 접한다. 처음에 그런 광경을 보면 '아, 또 사이비 종교…….' 하고 생각했다. 그런데 말기 환자들과 가족들 중에는 그런 경우가 생각보다 많았고 소위 배울 만큼 배운 사람들도 예외는 없었다.

암 환자들이 휴양을 겸해 이용하는 비싼 요양병원이나 요양원에서는 온갖 치료법들로 완치된 사례가 소개되고 어떻게든 치료받을 수 있도록 도와주는 사람들이 있다. 우리는 그들이 영리를 목적으로 움직이는 브로커들이 아닐까 생각하지만, 환자와 가족들에게는 치료의 효능을 증명하는 '걸어 다니는 성공 사례'이며, 귀한 정보를 알려 준 은인이다. 그래서 물도 넘기지 못하는 사람에게 500만 원어치 녹즙을 먹이려고 애쓰고, 기회만 되면 수천만 원을 들여 '일곱 가지 줄기세포가 어쩌고' 하는 치료를 해준다는 외국 의료기관(?)을 다녀오기도 한다. 안수 기도를 받기 위해 의식도 없는 사람을 데리고 무리한 길을 나서기도 한다. 오래 정성을 들이며 관심을 가져 주는 이들에게 속아 생애 말기에 아끼고 아껴 모은 전 재산을 탕진한 독거노인도 있었다.

왜 그럴까? 그들은 왜 이런 비상식적인 선택을 하게 되는 걸까? 간호사들끼리 나눈 대화에서 내린 결론은 '합리적이고 이성적인 세상에서 본을 못 찾으니까 지푸라기라도 잡는 심정으로 그런 것에 매달리는 게 아닌가'였다. 어떻게 보면 그런 사이비 종교 같은 집단이 나름 합리성이 있다는 의견도 있었다. 평범한 일상을 살아가는 사람의 입장에서 보는 '합리성'이 아니라 막다른 벼랑 끝에 서서 어떻게든 뭔가 잡아야 하는 사람의 입장에서 보는 '합리성' 말이다. 일상적이고 상식적인 관계에서 주지 못하는 동아줄 혹은 지푸라기라도 주는 곳이 있다면 그것이야말로 '합리적'인 것이라고 말기 환자와 가족들 사이에 모종의 합의가 있는 것 같다.

그래서 아픈 이가 사망한 후 미처 뜯지도 못한 수백만 원짜리 기기들과 수북이 쌓인 약물들을 보며 난감해하는 사별 가족들의 모습은 마지막 통과 의례 같다. 끝까지 포기할 수 없었던 그분들의 절박한 노력에 대해 우리가 판단할 수는 없을 것이다. 그렇지만 그분들이 고립되지 않고 다양한 사회적 지지 속에 그 시간을 보냈다면 조금은 다른 마지막을 보낼 수도 있지 않았을까.

간병 살인,
책임을 누구와도 나눌 수 없어
일어나는 비극

간병하던 이가 가족을 해쳤다는 기사를 볼 때면 어쩔 수 없이 간병을 떠맡은 사람이 느낀 감당할 수 없을 부담과 고통이 더욱 깊게 다가온다. 아픈 이를 위해 모든 걸 던져 간병하는 가족이 간병 살인의 가해자가 되리라고는 누구도 상상 못할 것이다.

그런데 간병 살인은 누구에게나 일어날 수 있다. 아픈 이에 대한 사랑, 간병에 대한 책임감, 간병에 대한 자발성과 무관하게 '독박 간병'이라면 말이다. 독박 간병 상황이나 간병 스트레스는 개인이 선택하고 조절할 수 있는 부분이 아니기 때문이다. 한 사람에게 집중된 간병 스트레스, 즉 독박 간병은 돌보는 이의 신체와 정신 건강을 위협하여 아픈 이와 돌보는 이 모두를 위험에 빠뜨릴 수 있으므로 주위 사람들의 각별한 관심이 필요하다.

엄마는 내가 아니면 안 돼요

50대 비혼 여성인 F는 십 년 이상 칠순 넘은 어머니를 간병하고 있었다. 어머니 상태가 양호할 때는 함께 지내면서도 단시간 일을 했지만, 몇 년 전부터 그나마도 그만두고 간병에만 전념했다.

형제자매들이 여럿 있었지만 어머니는 유독 F에게 간병을 받겠다고 고집하셨다. F도 '엄마가 사시면 얼마나 사신다고' 하는 마음으로 기꺼이 맡았다. 그렇게 10년을 넘겼고, 간병이 얼마나 더 이어질지는 알 수 없었다.

F의 어머니는 강박적일 정도로 깔끔한 성격이었다. 간호사들이 주사 하나를 놓더라도 밑에 하얀 종이를 깔고, 주사를 놓고 나면 하얀 수건으로 덮고 그 위에 다시 하얀 이불을 덮어야 하는 식의 까다로운 절차를 거쳐야 했다. 간호사가 "팔을 굽혀도 괜찮다. 움직여도 되고 앉아도 된다." 하고 아무리 설명해도 정맥 수액을 맞는 동안에는 절대로 팔을 굽히지 않으셨다. 옆에서 손발이 되어 드리는 F가 챙겨야 할 사소한 절차들이 헤아릴 수도 없이 많았다. 최근에는 인지 장애와 감각 저하까지 와서 이불을 덮고 있다는 사실을 인지하지 못할 정도로 상태가 악화되었다. "발 덮어 줘." 하고, 1분도 안 되어 또 "발 덮어."를 반복하시는데, F는 한마디도 놓치지 않으려고 애쓰고 있었다. F는 숨 돌릴 틈이 없어 보였다.

어느 날 F가 약을 챙겨 드린 후 집 근처에 잠깐 볼일을 보러 나갔다. 그런데 그 사이에 어머니가 혼자 화장실을 가려고 애쓰다 화분을 쓰러뜨려 집안을 엉망으로 만들고, 자신도 다쳤다. 그 짧은 시간에 일어난 일이 F에게 큰 충격을 주었다. 그 후 '어머니한테는 나밖에 없는데, 내가 잘해야지' 하고 어머니에게서 잠시도 눈을 떼지 않았다.

그 막중한 책임감은 어머니의 상태가 악화될 때 '나 때문'이라는 자책감으로 이어졌다. 그럴수록 F는 더욱 완벽한 간병을 위해 강박적으로 변해 갔다. 어머니와는 다른 사람들이 못 끼어들 만큼 특별한 애착이 형성되었고, '나 아니면 안 된다'는 믿음은 점점 깊어졌다.

믿고 맡길 사람이 하나도 없어요

F는 간병 서비스나 방문 요양 서비스, 방문간호^{240-244쪽 참고} 등 전문적인 도움은 물론 다른 가족들의 도움도 전혀 받지 않았다. 믿을 수가 없었던 것이다. 다른 가족이 주간보호센터에 의뢰하자 "거기서 해봐야 얼마나 깨끗하게 씻겨 드릴 것이며, 우리 엄마를 잘 돌봐 주겠냐."며 다시 모시고 왔다.

F는 어머니에 대한 간병 사항을 모두 기록하며 관리했고, 의사나 간호사를 만날 때면 말 한마디를 놓치지 않고 기록했다. 심지어 녹음해서 말 한마디 한마디를 따지는 태도를 보여 방문을 하는 간호사도 여간 괴로운 게 아니었다.

방문을 가면 F가 작성한 어머니에 대한 기록이 수북이 쌓여 있었다. 그럼에도 F는 자신이 관리하는 영역에 누구도 개입할 수 없게 했다. 전문가인 간호사의 질문조차 허용하지 않았다. 어머니를 위해 무엇이든 하겠다는 태도였지만, 전문가의 조언이나 처방은 따르지 않았다. 체위 변경 하나를 하더라도 자신의 방식이 있어서 "잠깐만, 그렇게 하면 안 되고 이불은 이렇게 덮어야 하고."하며 고쳤다.

F는 방문을 오는 사람마다 의심스런 눈으로 살펴보며 기어코 마음에 들지 않는 부분을 찾아내는 것 같았다. 식사를 못하는 어머니에게 간호사가 완제품으로 나오는 영양제를 권하면 그것이 일본 제품이라고 문제를 삼았다. 후쿠시마 원전 사고로 인해 모든 일본산 먹을거리들이 방사능에 오염되었다고 믿고 계신 것이다. 하지만 아픈 이는 그것이 아니면 아예 드시지를 못해 더 심각한 문제가 올 수도 있었다. 설령 영양제가 방사능에 노출되었다 해도 그로 인해 당장 무슨 문제가 생기는 것은 아니지만, 간호사는 F에게 "그러시다면 다른 제품을 사용하십시오."라고 말할 수밖에 없다. 그러면 또 "다른 제품은 어떤 게 있냐. 그 제품은 뭐로 되어 있느냐. 그 제품은 어디서 만들어졌냐.", "다른 제품을 받으면 의료 보험 적용이 안 되어 비싸지 않냐"며 따지듯이 파고드니 간호사들도 무척 곤혹스러웠다.

F 혼자 고생하는 모습이 안타까워 주변 사람들은 "다른 가족들의 도움도 받아서 밖에서 식사도 하고 쉴 짬도 내라"고 조언을 했다. 그러자 F는 "당신이 내 상황을 뭘 알아." 하고 항변하듯 코웃음을 쳤다. 말 하나, 행동 하나가 모두 공격의 빌미가 되자 주변에 친구들이나 형제들이 있어도 도움을 주지 못하는 사정이 있으리라 생각되었다.

간병자의 공격성, 구조를 요청하는 신호

누구에게나 강박적인 면이 있다. 하지만 어느 정도 조절하면서 살아갈 수 있는 건 여러 사람과 교류하면서 무엇이 합리적인지 판단하게 되기 때문일 것이다. 그런데 오래 고립된 채 간병한 가족은 일방적인 관계에 놓여 자신의 변화를 스스로 알아차리기 어렵다. 의사소통도 원활하지 않은 경우가 많아서 의료진이나 주변 사람들과 정상적으로 소통하지 못하고 사소한 문제에 집착해 주변 사람들을 괴롭히는 일도 자주 본다.

이런 주 간병자들의 공격적인 모습에 대해 호스피스팀의 원목 수녀님은 '다친 새끼를 품에 안고 있는 엄마의 모습'이라며 상처받는 팀원들을 다독였다. 다친 새끼를 지키기 위해 발톱을 곤두세우고, 누구라도 다가오면 할퀼 자세를 취하는 형상이라고 말이다.

그럴 때 주변 사람들의 태도가 중요하다. 주 간병자가 하는 방식을 굳이 바꾸려고 하기보다는 아픈 이에게 해가 되지 않는다면 인정하고 따라 주는 것이다. "아, 그렇게 하는 거예요? 그럼 저희도 그렇게 할게요." 하고 따라 하고, "굉장히 힘들었을 텐데 어떻게 이걸 다 했어요?" 하고 계속 지지해 주는 것이다. 그러면 간병하는 이도 마음이 풀어지고 다른 사람이 개입할 틈을 열게 된다. 공격적인 태도는 그간의 노고에 대해 정말 대단하다고 인정받고, 간병을 잘하고 있다는 사실을 확인받고 싶은 것이다.

그런데 간병을 전담하는 사람은 오랫동안 아픈 이에 맞춰 생활하도록 압력을 받은 상태라 자기에게도 힘든 이야기를 들어 주고 도움을 줄 사람이 필요하다는 사실을 인정하기가 쉽지 않다. 중병을 앓고 곧 돌아가실 분을 앞에 두고 자신만 보살피는 것에 대한 죄의식이 생겨나기 때문이다. 그나마 가장 대화할 명분이 있게 느끼는 주제는 간병 상황밖에 없다. 그래서 F가 다른 사람과는 간병에 대해서만 이야기하고 이런 대화를 통해 주변 사람들을 조정하려고 했던 것이 아닐까 하는 생각이 든다.

F는 우울증과 불안 장애까지 있어 전문 상담이 필요했지만 이미 이성적인 방식으로 자신의 어려움을 표현할 수 있는 상태가 아니었다. 다만 F는 가정간호사가 의뢰받은 업무를 마치고 나오면 왠지 석연치 않은 태도로 문간에 따라 나와 "벌써 가시냐?"고 묻곤 했다. 간호사가 "뭘 도와드릴까요?"하고 물으면 "아니 뭐, 그냥 벌써, 빨리 가시는 것 같아서." 이런 얘기를 계속했다. 어쩌면 도와 달라는 신호일지도 모른다.

아마도 주변 사람들에게도 이런 식의 구조 신호를 수차례 보냈을 것이다. 하지만, 사람들은 그 신호를 읽어 내기가 쉽지 않았을 것이다. 그래서 '어머니를 돌보겠다는 의지가 강하니 괜찮겠거니' 하고 F를 도와줄 시기를 놓쳐 버린 것 같다.

간병 부담을 나누는 가장 좋은 방식은 '일을 분담하는 것'이 아니라 '아픈 이와 함께할 시간을 분담하는 것'이 아닐까 생각한다. 누군가의 아픔과 죽음의 과정을 지켜보는 일은 누구에게나 일어날 수 있으니 그 경험 자체가 기회이고 준비이기도 하다. 이런 경험들이 쌓여 나중에 나의 사랑하는 사람을 준비된 상태에서 잘 돌보고 잘 이별할 수 있게 되는 것이다. 한 명이 그 과정을 전담한다면 다른 가족들은 훗날 사랑하는 이의 아픔과 죽음을 겪을 때 "그때는 ○○가 전부했어요." 하면서 처음 겪는 일에 혼란스러워할지도 모를 일이다.

문제가 없는 사람에게도 상담은 도움이 된다

출생 직후 뇌손상을 입어 지속적 식물 상태로 20살을 넘긴 아들을 돌보는 여성이 있었다. 일주일에 한 번씩 가정간호사가 방문해 한 시간 동안 아이의 상태를 살피고 튜브나 인공호흡기의 기능을 점검했다. 아이는 인공호흡기를 달고 있었지만, 튜브로 식사를 제공하고 2~3시간마다 자세를 바꾸어 주면서 별 문제 없이 지내고 있었다.

그럼에도 불구하고 아이 엄마는 잠시도 아이 곁을 못 떠나고 있었다. 간호사는 안타까운 마음에 "제가 있는 동안은 제가 보살필 게요. 한 시간 동안 어머니는 슈퍼를 가든, 아파트를 돌든, 커피를 마시든 잠깐이라도 바람을 쐬고 오세요. 일은 20분 만에 끝나지만 어머니의 한 시간을 기다려 줄 수 있어요." 하고 외출을 권했다.

아이 엄마는 "선생님, 제가 어떻게 나가요." 하면서도 "근데 선생님, 저한테 그런 얘기 좀 끊임없이 해주세요." 하고 요청했다. 어머니도 힘들고 도움이 필요함을 인정한 것이다. 그래서 간호사는 이런 얘기를 끊임없이 반복했다. 아이 엄마는 완벽하게 아이 곁을 떠나 있는 휴식을 갖지는 못했어도 조금씩 자리를 비울 수 있게 되었다.

어느 날은 출장 마사지를 요청해 자신을 돌볼 계획을 세우고, 간호사에게 "이런 애들이 많아요? 이런 애들 엄마들이 있으면 나

좀 소개시켜 줘요."하고 환아 엄마들의 모임을 갖고 싶어 했다. 그러나 안타깝게도 대부분 아이 곁을 떠나지 못하는 상황이라 대면 모임을 가질 기회가 없었다. 그 과정에서 알게 된 것은 많은 엄마들이 아이의 상태를 자기 탓으로 여기고 온전히 자기가 다 안아야 할 문제라고 생각한다는 것이었다. 그런 엄마들은 자신의 상처를 같은 어려움을 안고 있는 다른 엄마들에게도 내보이고 싶어 하지 않았다.

그런 커뮤니티를 만들어서 활동하는 엄마들도 많았다. 대개 외래에서 주변 사람들의 이야기를 듣고 서로 알게 되었고 아픔이 똑같으니까 금방 친해질 수 있다고 했다. 엄마들은 서로 정보를 주고받으며 자신들의 앞날을 예측하고 대비했다. 간병 기간뿐 아니라 아픈 이가 임종한 이후까지 연락하며 서로 지지해 주었다.

아이 엄마가 도움이 필요함을 인정하고 적극적으로 찾아 나선 것은 이미 그 상황을 삶으로 받아들이고 새로운 관계를 맺으며 다음으로 나아갈 준비가 되었음을 의미하는 것이 아니었을까 싶다.

오래 간병을 하면서 심리적으로 힘든 상황에 놓인 가족들에게 전문 상담이나 동료집단 상담을 권할 때면 "내가 왜 그런 걸 받아야 해? 나는 멀쩡하고 잘하고 있는데." 하는 이들이 많다. 그러나 상담에 응하는 것은 내 상황이나 마음을 잘 이해하면서 내 이야기를 들어 주는 사람을 찾는 과정이다. 오히려 '건강하니까', '자신을 지키려는 마음이 있기 때문에' 요청할 수 있는 것이다. 내가 도움이 필요하다고 이야기하는 것을 자연스럽게 받아들이는 태도가 필요하다.

우리는 어떻게
달라질 수 있을까?

난치성 질환으로 평생 인공호흡기를 착용하고 지내는 이들, 사고나 질병으로 영구적인 뇌손상을 입거나 장애가 남아 타인의 도움 없이는 살 수 없게 된 이들. 의학의 발전으로 완치는 불가능하지만 진행을 완화시켜 수십 년을 살아갈 수 있게 된 이들이 늘고 있다. 암과 치매 등의 질환도 만성화되어 투병과 간병 기간은 계속 늘어난다. 식물 상태에 빠져도 수십 년을 생존할 수 있게 된 세상에서 아픈 이들과 그들을 돌보는 이들에게 '간병'은 무엇을 의미하는가?

그 기간을 어떻게 바라보는가에 따라 대처와 결과가 많이 달라질 수 있다. 그 기간이 아픈 이가 삶을 영위하는 시간임은 분명하지만, 의식이 없거나 의사소통이 불가능한 경우 사람들은 자주 그런 결론에 의문을 제기한다. 그때 그 시간은 '유예된 죽음'을 기다리는 시간이 되고, 아픈 이는 간병하는 이의 짐으로 인식되기도 한다. 이런 시선은 아픈 이는 물론이고 간병하는 이에게도 큰 상처가 된다.

징역살이나 다름없어요

N 노인의 손자는 갓난아이 때 사고로 저산소성 뇌손상을 입었다. 삼 년째 초점을 잃은 눈빛으로 인공호흡기 치료를 받으며 침대에 누워 지냈다. 지속적 식물 상태여서 가끔 가정간호를 받으며 집에서 엄마가 돌보고 있었다.

어느 날 간호사가 기관절개관을 교체해 주러 방문을 했을 때 마침 N 노인이 필요한 물품을 가져다주기 위해 오셨다. 방문을 마친 간호사를 따라나서던 N 노인은 아이 엄마인 며느리에게 5만원을 주며 "피자든 치킨이든 사먹어라."고 권했다. 간호사는 N 노인이 택배 대신 직접 물품을 가져오신 이유가 '며느리를 위로하기 위함이었구나.' 하고 생각했다.

주차장에서 N 노인은 간호사를 붙들고 궁금한 것이 있다고 했다. "애 엄마 있는 데서는 차마 못 물어보겠고…… 이런 애들이 많아요?" 하는 질문이었다. 간호사는 "이런 아이들이 꽤 많고, 우리가 방문하는 아이들 중에는 어릴 때 다쳐서 스무 살을 넘긴 아이들도 있습니다."라고 답했다. 뒤의 말은 나름 노인을 위로하고자 덧붙인 말이었다.

이 말을 들은 노인은 "하."하고 탄식을 했다. "아이는 소생할 수 없을 것 같은데…… 며느리랑 아들은 저 아이를 살리려고 저렇게 매달리고 있으니 어떻게 하면 좋겠어요."라고 물었다. 간호사는 "아버님, 저는 의료인이고 어떻게 해라 이런 말을 입 밖에 낼 수 없습니다. 죽이고 살리고 이런 문제는 하나님의 소관이지 저는 모릅니다."하고 원론적인 대답밖에 할 말이 없었다.

이에 N 노인은 계속 이야기했다. "내가 너무 고민이 되는데……저 어미는 밤낮없이 화장실도 못 가고 저렇게 붙들고 있는데 저 아이를 어떻게 하면 좋겠어요. 선생님. 아니 막말로 차라리 몇 년 징역 살고 나오는 게 낫지. 저 아기가 세 돌 지난 지금도 안 좋은 것 같은데 스무 살까지 살아 있으면 우리 며느리 인생은 뭐가 돼요? 이게 징역살이지 딴 징역살이가 어디 있겠어요. 그렇게 20년 동안 징역살이 할 거면 진짜…… 확 보내 버리고 경찰서 가서 수갑 차고 몇 년 징역살이 하는 게 더 낫지 않겠어요?"

놀란 간호사가 "어우, 아버님!" 하며 손사래를 쳤지만, N 노인은 멈추지 않았다.

"물론 살릴 수 있다면 그 어떤 처방도 써야죠. 애를 보니까 지난번보다 조금 자란 것 같은데, 지금이야 들쳐 업고 다니지만 20년 동안 그러느니 4~5년 징역살이 하는 것이 더 낫지 않겠어요?"

N 노인에게 상호작용이 불가능하고 회복 가능성이 없는 아이를 간병하는 일은 의미를 찾기 힘든 노동이었고, 그때 아이는 '엄마 인생의 짐'으로 여겨졌을 것이다. 간호사는 사회적인 지원이 없는 상태에서 기약 없는 간병에 매달리느라 자기 인생이 없는 아이 엄마와 이를 지켜보는 가족들의 고통이 너무나 안타까웠다. 한편으로는 '의료인이 사람이 죽기만을 기다리나' 어이가 없기도 했다고 토

로했다.

　나도 아이 엄마의 간병 생활이 징역살이나 마찬가지라는 데는 이견이 없다. 그런데 그 징역살이를 만들어 내고 더 가혹하게 모는 것은 누구일까? 어쩌면 아이를 죽은 사람처럼 여겨 포기를 강요하는 사람들의 시선과 시스템은 아닐까? 아이 부모의 고통을 핑계 대지만 사실 우리가 아픈 이와 살아가는 것, 간병하는 가족의 고통을 지켜보는 것을 힘들어하는 것일지도 모른다.

　누군가는 병이 심하지 않은 가족도 짐처럼 여기고 간병을 포기한다. 하지만 내가 만난 불가역적인 뇌손상을 입은 아이를 돌보는 많은 부모들은 아이를 짐으로, 부담으로 여기지 않았다. 하나같이 "옆에 있어 주는 것만도 고맙다." "이 아이가 내가 살아가는 힘"이라고 했다. 누군가에게 '살아가는 의미'가 되어 준 적이 없는 나는 그런 순간에 문득 질문을 던진다. 이 두 사람 사이에서는 누가 누구를 돌보고 있는 것일까? 이들을 가둔 감옥은 어떻게 무너지는가?

그냥 삶, 돌보는 이와 돌봄받는 이는 구별되지 않는다

　다리가 휘고 골반이 틀어져 엉거주춤한 걸음걸이. 한 걸음 내딛을 때마다 심하게 옆으로 기우는 상체. 오랜 노동과 퇴행성 질환으로 고생하시는 농촌의 여성 노인들에게서 흔히 나타나는 외양이었다. 그럼에도 고운 화장과 산뜻한 원색의 옷차림, 환하게 웃는 얼굴은 내가 지닌 말기 환자에 대한 이미지와 많이 달랐다. 가정에서 생활하시는 다른 말기 환자들을 처음 만났을 때도 그랬다. 어긋남은 약간 당혹스러우면서도 기분 좋은 배신감을 준다. 내 안에 고정된 무거운 이미지들이 깨어지면서 유쾌한 기분이 든다.

그 옆에 자그마한 여성용 백을 어깨에 멘, 커다란 체구의 남성이 걸어오고 있었다. 한 손으로 부인 손을 꼭 잡고 부인의 보폭에 맞춘 아기 걸음으로! 늘 그렇게 다니는 '유명한 커플'이었다. 두 분은 어디서나 그렇게 손을 꼭 잡고 다녔다.

"안 아플 땐 나도 멋쟁이였어. 맨날 드레스 입고, 항상 화장도 예쁘게 하고 여성스러웠는데." 하는 자신의 말처럼 부인은 쾌활하고 활동적인 분이었다. 말기 질환으로 걸음걸이가 불편하고 발성도 어려워서 쉰 목소리가 났지만, 사람들과 어울려 이야기하는 걸 즐기셨다. 부인은 자주 "나는 사람 오는 게 좋아. 만나서 얘기하고 그런 게 좋아. 아픈데 혼자 있으면 기도도 안 나올 때가 많은데, 매일매일 날 새기만을 기다려…… 살았을 때 좋은 말도 전해 주고 싶고, 하고 싶은 말도 많아. 내가 하도 힘들게 살아서 책을 좀 썼으면 좋겠다는 생각도 해." 하고 말씀하셨다. 이 모두가 남편의 지극한 돌봄 때문에 가능하다고 믿었다.

그런데 가정 방문을 가면서 아픈 부인이 남편을 돌보는 것 같은 생각이 드는 순간이 많았다. 남편은 살림을 곧잘 하셔서 우리가 방문을 하면 곧바로 장바구니를 들고 현관문을 나섰다가 얼마 후 찬거리를 가득 채워 돌아오셨다. 아픈 이는 여느 인정 많은 할머니나 어머니들과 마찬가지로 방문하는 사람들에게 여러 가지 간식거리를 대접했는데, 먹을거리에는 집에서 담근 식혜, 수정과 등 예사롭지 않은 것들이 섞여 있었다. 자신의 입맛이 변해 붉은 김치를 못 먹으니 백김치를 담갔다는 등 쉽게 하기 어려운 찬거리를 장만한 이야기도 자주 하셨다. "아저씨가 다 해. 장보는 것부터 내가 일일이 말로 다 가르쳐 주지. 집에서 만들어 먹어야 제맛이 나거든" 하는 부인의 대답에서 '남편에게 살림을 가르치는' 자부심이 느껴졌다.

남편은 낯가림 심하고 조용한 성품이었다. 억지로 말을 걸어도 간신히 웃는 시늉만 하실 뿐 도대체 말씀이 없으셨다. 때문에 주변 사람들은 부인을 통해 남편과 관계 맺고 있었다.

어느 날 부인은 환하게 웃으며 말씀하셨다. "우리 집 아저씨가 성경 필사를 시작했어." 그간 부인은 10년 넘게 봉사도 하고 기도로 고통을 이기는 신앙인의 삶을 살아오셨다고 한다. 게다가 수도자들이 이끄는 호스피스팀의 돌봄을 받고 계셨으니 여러모로 남편께도 신앙생활을 권유했을 법하다. "그거 하나가 마음에 걸렸는데." 하는 부인의 얼굴에서 얼핏 벅찬 감정이 스치는 것 같았다.

내가 "남편께서 참 잘하시는 것 같아요." 하고 칭찬하자 부인이 "남편이 잘해도 만족은 없어요. 내가 남편을 살렸기 때문에. 내 병이 과로에 스트레스로 왔거든." 하며 답했다. 그리고 직장 생활과 살림을 하면서 시어머니 간병에 이어 남편까지 병을 얻어 간병하며 살림을 꾸려야 했던 지난 이야기를 들려주셨다.

그런 남편이 이제는 보호자로, 간병자로 함께하며 부인의 수족이 되어 움직인 시간이 11년째였다. 그 사이, 서툰 손놀림으로 부인의 잔소리를 듣던 사람이 김치를 담그고 식혜를 만드는 살림 고수가 되었다. 병원 침대에서 부인을 부축하는 법. 식사를 돕는 법, 부인의 보폭에 맞춰 걷는 법을 '가르치고 배우는' 가운데, 사 남매를 키우고 결혼시켰다.

그리고 여전히 두 분은 함께 변해 가는 중이었다. "우리 아저씨가 표현을 잘 못해. 좋아도 좋은 줄도 모르고 말이 없어. 그런 것이 좀 불편했어. 근데 내가 오래 아프니까 표현을 많이 해." 하며 흡족해하는 부인의 말처럼.

두 분의 11년에서 돌보는 이와 돌봄을 받는 이를 구분하는 일은 불가능했다. 두 분에게 간병 기간은 삶의 유예나 일상의 중지가 아니라 그냥 '삶' 그 자체였다.

파옥(破獄), 감옥을 부수고 나온 사람들

호스피스 병동에 입원한 한 아이 엄마의 이야기는 우리가 어떻게 간병하는 이들의 감옥을 부술 수 있는지 보여 준다. 7세에 입원하여 10대가 되도록 병원에서 사는 소년이 있었다. 지속적 식물 상태로 의사소통이 불가능했고 기도 유지가 되지 않아 기관절개관을 삽입한 후 흡인하며 지내야 했다.

아이가 입원해 있는 동안에 엄마는 동생을 낳고 일상을 유지했다. 일주일에 한 번 혹은 이주에 한 번 찾아오기도 하고, 때론 3주에 한 번 올 때도 있었다. 올 때마다 아이 엄마는 환하고 예쁜 모습이었고, 어떤 때는 동생도 데리고 와서 형이라고 보여 주었다.

처음에는 굉장히 무심한 엄마로 보았다. '너무하다, 엄마가 되어 가지고. 와, 저렇게 화려하게 하고 나타날 줄 꿈에도 몰랐는데.' 하고 생각했다. 그러나 간호사들은 나중에 "그렇게 하는 것이 맞다!"고 입을 모았다. 누가 아프다고 인생을 포기해야 하는 것은 아니라면서. 오히려 집에 중증 환자가 있으면 모든 가족들이 인생을 멈추고 거기에 올인하는 것을 정상으로 여기는 시선이 문제라고.

아이는 시설에 입원해 있는 동안 수녀님들, 봉사자들, 직원들에게 정말 많은 사랑을 받았다. 엄마가 애한테 못해 준 것 이상으로 사랑을 받았을 것이다. 아이 엄마도 그것을 지켜보았기에 그렇게 장기간 믿고 아이를 맡겨 놓을 수 있었던 것이다.

결국 아이는 가족이 함께하는 가운데 죽음을 맞았다. 아이 엄마가 아이 상태와 자신의 삶, 가족의 삶을 분리해 생각할 수 있었던 덕분에 오히려 가정을 지키고, 아이에게 가족과 함께하는 삶을 선물할 수 있었던 것이 아닐까 한다. 저렴한 비용으로 장기간 아이를 맡아 주고 언제든 가족이 찾아갈 수 있도록 허용하는 시설과 도움을 주는 사람들이 있었기에 가능한 일이기도 했다.

그런데 안타깝게도 아직은 그런 시설이 턱없이 부족하다. 호스피스기관이나 요양병원, 요양원들243쪽 참고 중 돌봄의 질이 형편없는 곳도 많다. 때문에 평이 좋은 호스피스기관이나 요양병원에는 대기 번호가 수십 명을 넘기고, 대기 중에 사망하는 이들도 많다.

간병하는 가족들이 자기 일상을 유지하며 간병을 지속하려면 당사자들과 주변 사람들이 마음가짐을 달리하는 것과 더불어 사회 시스템을 보완하는 것이 시급해 보인다.

집에서 마지막을
보낼 권리

　말기 진단을 받은 환자와 가족들이 가장 안타까워하는 것 중에 하나는 '아픈 이가 집에 다시 갈 수 없다.' '항암 치료를 하러 나선 길이 마지막이었다'는 사실이다. 대학병원에서 호스피스로 전원하는 날, 환자나 가족들은 "하루라도 집에 갔다 오면 안 되는가?"란 요청을 하는 경우가 많다. 물론 아픈 이의 상태가 허락되면 하룻밤 집에서 묵고 입원하도록 조정하기도 한다. 그렇지만 허용되지 않는 경우가 많다. 그럴 때에는 앰뷸런스를 타고 침대째 집에 들러 잠깐 머물다 오도록 안내하기도 한다. 그만큼 집은 특별한 의미를 갖는 곳이다.

　또한 회복이 힘들어 여명이 길지 않다는 진단을 받은 사람들이라도 초기에는 대부분 다른 사람의 도움 없이 일상생활이 가능하다. 대개 가정에서 생활하면서 주기적으로 외래를 방문하여 통증이나 다른 증상 조절에 필요한 처방을 받는다. 이 시기에 가정 호스피스238쪽 참고를 받으면서 불편한 증상을 조절하고, 남은 시간을 어떻게 보낼지 계획하는 것은 매우 중요하다.

이때 가정 호스피스팀은 아픈 이의 상태가 비교적 양호한 시기에 마지막 돌봄을 받고 싶은 장소나 원하는 임종 장소에 대한 소망을 확인한다. 그 결과 가정 호스피스를 받으면서 '가정'에서 마지막 시간을 가족과 함께 보내는 사람들이 늘어나고 있다.

그러나 여전히 호스피스에 대해 잘 모르거나 왜곡된 정보, 가정 호스피스를 제공하는 기관의 부족 때문에 많은 이들이 조절 가능한 증상들을 불가피한 고통으로 여기며 참거나 의료기관에 입원해 삶의 마지막을 보내고 있다.

통증이 없으니 씻은 듯이 나은 것 같아요

Z의 아버지는 대장암 말기를 진단받자 더 이상 항암 치료나 연명 의료는 받지 않겠다는 입장을 분명히 했다. 복통과 다른 사고로 다친 다리의 신경통이 심하여 항암 치료를 받던 대학병원 외래를 다니며 진통제를 복용하고 있었다.

그러나 통증은 잘 조절되지 않아서 아버지는 한여름에도 전기장판 위에서 핫팩을 끌어안고 끙끙 앓으며 생활하고 계셨다. 외래를 가서 아프다고 하면 기존에 처방받은 마약성 진통제의 양을 늘려 주었다. 마약에 대해 두려움이 있던 아버지는 같은 진통제를 자꾸 먹어 봐야 효과도 없다고 잘 드시지 않았다. 어차피 암 통증은 조절할 수 없다면서 거의 포기한 상태에서 몸이 아프니 짜증만 늘어 어머니도 괴로움을 호소했다.

보다 못한 Z가 간호사 지인을 통해 서울에 있는 의료기관의 호스피스 완화의료 전문의에게 의무기록을 동봉하여 통증 조절을 의뢰했다. 호스피스 의사는 아버지의 신경통과 암성 통증을 조절할 수 있는 방법에 대한 의견을 주며 대학병원 주치의와 상의해 보라고 조언했다. 다행히 주치의는 호스피스 의사의 의견대로 처방해 주었고, 아버지는 하루 만에 통증이 사라졌다며 웃는 모습을 보였다. 이후 돌아가시는 날까지 먹는 약으로 통증이 조절되었고, 아버지뿐 아니라 가족 전체의 삶이 편안해졌다.

가정 방문을 가면 많은 이들이 말기 상태의 문제에 도움을 주는 전문가나 의료인이 없어 통증을 비롯한 신체적 고통에 대책 없이 시달리고 있었다. 호스피스팀 의사가 보기에 대부분 간단한 처치나 처방, 교육으로 해결되는 문제들이었다.

그런데 전문 진료과로 세분되어 운영되는 대학병원에서는 이런 문제를 해결해 주는 적절한 진료과가 없었다. 간암 말기로 계속 복수가 차는 환자의 가족은 매일 복수를 빼야 했지만, 세 번째로 대학병원 응급실을 방문했을 때 "대학병원 응급실에서 진료받을 대상이 아니다."라는 말을 들었다고 했다. 집에서 가까운 병원들에서는 어느 의사도 말기 환자의 몸에 손을 대려고 하지 않았다. 편하게 해줄 방법이 있는 줄 뻔히 아는데도 속수무책으로 환자의 고통을 지켜볼 수밖에 없었다며 가족들은 눈물을 흘렸다.

이처럼 고통스런 증상이 조절되지 않아 환자들은 '차라리 죽고 싶다'는 마음을 갖고, 지켜보는 이들은 공황에 빠진다. 아마도 이런 시점에 간병 살인이나 자살 같은 비극적인 일이 일어날 가능성도 높을 것이다. 따라서 가정에서 생활하는 말기 환자들이 고통받지 않고 살아갈 권리, 원치 않는 입원을 하지 않고 집에서 마지막을 보낼 권리를 위해 가정 호스피스는 반드시 보장되어야 하는 서비스다.

호스피스 완화의료 전문가들은 상태가 나빠져 임종기에 접어들고 독립적으로 일상생활을 하기 어려운 경우라 해도 의료적 판단에 따라 입원이 필요한 경우는 그리 많지 않다고 한다. 임종기에 이른 말기암 환자도 가정에서 다양한 투약 경로를 통해 통증 조절이 가능하다. 주변에 간병해 줄 사람이 있다면 아픈 이가 희망할 경우 얼마든지 가정에서 지낼 수 있다는 것이다.

실제로 호스피스기관의 입원 대기 명단에 등록된 환자들 중에는 대기하다 가정 호스피스를 받거나 외래 진료만으로 통증이 조절되면 입원을 보류하는 경우가 매우 많다.

삶 속으로 들어가다

L 노인은 오래된 임대 아파트에서 중국 교포인 입주 간병사와 함께 사는 말기암 환자였다. 통증은 심하지 않았으나 변비와 식욕 부진, 전신 쇠약으로 힘들어했고, 심리적으로 우울한 상태에 있었다. 어느 날 가정 방문을 갔을 때 L 노인은 호흡 곤란이 있다며 불안

해하면서 산소요법을 받게 해달라고 했다. 그러나 호흡도 안정적이고 신체적인 이상 징후도 보이지 않았다. 호스피스 간호사는 심리적 요인이 아닐까 짐작하면서 자세히 상황을 파악하기 위해 여러 질문을 했다. 간병사에 따르면 밤새 숨차고 답답하다며 힘들어해서 추운 날씨에도 여러 번 창문을 열고 닫기를 반복했다고 한다. 간호사가 느끼기에 방이 몹시 건조하고 더웠다. 호흡 곤란이 아니라 건조하고 더운 실내 온도 때문에 답답함을 느끼는 것은 아닌지 의심되었다.

습도를 조절하기 위해 젖은 수건을 널어놓고, 보일러 온도를 낮춰 보라고 했으나 아픈 이도, 간병사도 보일러 온도를 조절하는 방법을 알지 못했다. 간병사도 60대 후반 노인이고 한국 생활에 서투른 교포인데, 두 분이 다루기에는 온도 조절기가 사용하기 불편하게 디자인되어 있었다. 중앙난방인 아파트는 추위를 많이 타는 두 노인에게 늘 춥게 느껴졌고, 원하는 온도를 조절할 줄 몰라 추울 때마다 무작정 다이얼을 돌렸다고 했다. 간호사가 보일러 온도를 낮추고 환기를 시키자 노인의 호흡 곤란도 해소되었다.

가정 호스피스가 필요하다고 생각하는 사람들도 몸이 불편한 이들이 이동하는 것보다는 건강한 전문가들이 이동하는 것이 훨씬 효율적이기 때문이라고만 생각하는 것 같다. 그러나 가정 호스피스를 통해 깨달은 것은 가정 방문은 아픈 이의 삶 한가운데로 직접 들어가는 일이고, 이를 통해서만 우리가 생각하는 전인 간호, 총체적 돌봄이 가능하다는 것이었다.

그래서 가정 호스피스팀은 독거노인인 아픈 이가 민원을 해결할 수 있도록 주민센터에 모시고 가기도 하고, 임종이 다가오는 엄마가 시설에 있는 장애아인 아들을 보러 가는 길에 동행하기도 한다. 일생 동안 외로웠던 이에게는 생의 말기에 만난 새로운 친구가되어 안부를 챙기고, 생일잔치를 함께하기도 했다.

가족도 모르는 내 속내를 알아줘요

호방한 성격의 Y 노인은 말기암 진단을 받은 후 남편과 헤어졌다. 자신이 병을 얻어 더 이상 건강이 좋지 않은 남편을 돌볼 수 없다고 느꼈기 때문이다. 전 재산을 정리해 나누고 남편이 전처소생의 자녀들에게 돌봄을 받으며 지낼 수 있도록 한 것이다.

근처에 동생이 살고 있었지만 장사하는 동생은 늘 바쁘고, Y 노인은 외로웠다. 깐깐하고 적극적인 성품이라 주민센터, 보건소, 복지회관, 근처 교회에까지 스스로 도움을 청했다. Y 노인은 당사자의 적극적인 도움 요청에도 불구하고 암환자 의료비 지원사업(저소득층 암환자를 대상으로 정부가 의료비를 지원하는 사업, 소아 암환자와 성인 암환자 중 소득과 재산, 암의 종류 등을 고려하여 대상자가 선정됨.)에 등록해 준 것 외에 더 이상 도울 방법을 찾지 못해 괴롭던 보건소 간호사의 의뢰로 가정 호스피스에 등록된 사례였다. Y 노인의 집에는 생각보다 방문자가 많았다. 교회나 복지관에서 반찬을 가져다주기도 하고, 보건소에서 간호사가 와서 건강 상태를 체크하고 가기도 했다.

그럼에도 Y 노인은 주 1회 방문하는 가정 호스피스팀만이 가장 신뢰할 수 있고 가족보다 더 가족 같이 느껴진다고 했다. 다른 사람들은 오면 각기 정해진 일을 마치기에도 바빠 이야기를 들어 줄 시간이 없다는 것이다. 가끔 보건소 간호사가 괜찮다며 이야기를 들어주려고 해도 이웃에 방문할 곳이 여럿 있음을 알기에 "바쁜데 어서 가보라."고 등을 떠밀게 된다고 했다.

유일하게 가정 호스피스팀이 편견 없이 자신의 이야기를 들어주고 가족도 모르는 속내를 이해해 준다고 하였다. 그래서 일주일에 하루, 단 1시간이지만 가정 호스피스팀이 오는 날은 오기 전부터 기다려지고, 방문을 마친 후에도 그 여운으로 하루가 그득한 느낌이라고 했다. 이야기를 하다 보면 억울한 마음도 풀어지고 힘든 삶에도 좋은 것들이 보인다고도 했다.

모든 것이 착착 준비된 대로 이루어졌어요

어려서 아버지를 여의고 어머니와 단둘이 살던 A는 직장암 말기의 어머니를 홀로 간병했다. 아르바이트를 하며 하루 세 시간 정도 요양보호사의 도움을 받았다. 어머니의 통증이 너무 심할 때면 피정의 집에서 기도를 하며 버티었다고 한다. 우연히 지나가던 수녀님이 A와 어머니를 딱하게 여겨 호스피스에 대한 정보를 주었고, 운 좋게 가정 호스피스를 받을 수 있게 되었다고 했다. 어머니는 말기 2개월을 집에서 가정 호스피스를 받으며 보내시다 임종을 맞았다.

A는 어머니를 간병하며 보냈던 시간에 대해 "엄마가 밝게 웃으셨던 것이 기억에 남아요. 엄마가 운이 좋으셨다는 생각도 들고…

호스피스도 알게 되어 나중에 내가 죽음 앞에 서더라도 겁나지 않을 것 같아요. 어머니를 돌보며 나도 마음 부자가 된 것 같아요."라고 회상했다.

그리고 어머니의 마지막 시간을 함께하는 일이 '생각보다 괜찮았다'고 회고했다. 호스피스팀이 일어날 일을 미리 알려 주고 안내해 주었기에 어려운 일을 별로 겪지 않았다는 것이다.

"'이걸 준비해야 한다'고 알려 줘서 준비하면 그 일이 일어나고, '지금은 이게 중요하지' 해서 그렇게 하면 또 그 일이 일어나고. 모든 것이 준비된 대로 착착 이루어져서 장례까지 일사천리로 이루어진 느낌이에요. 죽음이 무서울 줄 알았는데, 생각보다 괜찮았어요."

절대적으로 부족한 가정 호스피스

이상의 사례들은 가정 호스피스가 아픈 이와 가족들에게 어떤 역할을 할 수 있는지 잘 보여 준다. 그래서 어디서나 호스피스는 지역과 가정을 기반으로 하는 가정 호스피스를 기본으로 설계되어야 한다고 강조하는 것이다.

그러나 안타깝게도 국내에서 가정 호스피스를 제공하는 기관은 절대적으로 부족하다. 의료적 처치를 중심으로 운영되는 가정 호스피스도 많아 갈 길이 멀다는 생각이 든다.

현재 가정 호스피스 기관마다 제공하는 서비스에 차이가 있겠지만, 기본적으로 호스피스 완화의료 전문 의료인과 잘 교육받은 자원봉사자들이 주1회 정도 방문하고 일주일 내내 24시간 전화 상담을 해주며 간병에 필요한 물품을 대여해 주기도 한다. 가정 호스피스를 받아 본 많은 보호자들이 아픈 이의 상태에 대해 솔직하게 설명해 주고, 구체적인 간병 방법이나 예기치 못한 상황에 대한 조언만으로도 큰 도움이 되었다고 한다.

아픈 이의 병이 말기에서 임종기로 갈수록 아픈 이의 상태가 변할 때마다 119를 부를 것인지 지켜볼 것인지 보호자가 판단해야 하고, 현재의 상태가 얼마나 지속될지 가늠하며 다음을 준비해야 한다. 하지만 전문 의료인조차도 이 시기에 자신의 가족이 같은 상황에 놓이면 합리적으로 판단하기 어려울 것이다. 하물며 경험이 없는 보호자들은 더욱 고통스러운 시간을 보내고 있을 것이다. 그럴 때 신뢰할 수 있는 전문가들의 조언 한마디는 죽어 가는 이의 마지막을 결정적으로 바꾼다. 그럼으로써 남은 가족들의 삶도 바꾸는 힘을 갖는다. 이때 전문가는 의료진을 지칭하는 말이 아니라 자연스런 죽음의 과정을 이해하고 호스피스 철학과 원리를 체득한 사람을 뜻한다.

안락사,
연명 의료에 대한
오해와 진실

연명 의료가 사회적인 이슈가 되고 존엄한 죽음에 대한 관심이 높아지면서 내 주변에도 사전연명의료의향서나 연명의료계획서를 작성해 연명 의료를 받지 않기로 결정했다는 사람들이 늘고 있다. 누구든 생애 말기에 그런 처치를 받으면서 고통받고 싶은 사람은 없을 테니 당연한 변화라고 생각한다.

그런데 말기 환자에 대한 의료적 개입을 구체적으로 결정해야 하는 상황이 되면 연명 의료 결정을 제각기 이해하고 있음을 확인하게 된다. 누군가는 임종기가 아님에도 '사전연명의료의향서를 작성했으니 빨리 죽을 수 있게 해달라'는 태도를 보이고, 누군가는 '아직 그렇게 말기는 아니지 않냐'고 물러서기도 한다.

"나는 죽는 건 두렵지 않아요. 사전연명의료의향서도 벌써 작성해 두었어요. 아유, 가족들도 못할 짓이고 그렇게까지 하면서 오래 살고 싶지는 않아요. 죽을병에 걸리면 고통 없이 콱 죽어 버리는 것이 깨끗하죠."하는 말도 죽음을 자연스런 과정으로 받아들인다는 느낌보다는 죽음이 두려워 아예 생각하고 싶지 않는 '죽음 회피'적 태도일 수가 있다. 그래서 연명 의료 결정을 '죽음의 선택'이나 '안락사'로 칭하는 이도 있고, '자연사'라고 표현하는 이도 있다.

자연사를 원해요

어머니의 욕창 치료를 해달라는 요청을 받고 간호사가 방문해 보니 환자는 탈수와 영양실조가 심각하여 아사 직전이었다. 그런데 보호자는 '어머니를 자연사시키고 싶다'며 욕창 치료만을 원한다고 하였다. 이미 몇 주 전부터 아무것도 먹지 못해 그대로 돌아가시게 두려고 했는데, 욕창이 심하니 양가감정이 들어 가정간호를 의뢰한 눈치였다.

자녀들 모두 사정이 좋지 못해 노모를 장기간 간병하는 것에 심한 부담을 느끼는 상황으로 짐작되었다. 보호자는 최근에 배우자가 암 진단을 받았고 어린아이도 있는데다 다른 가족들도 전혀 도움을 줄 수 없다고 했다.

간호사가 "이렇게 둘 수는 없습니다. 연명 의료를 안 하는 사람도 영양과 물은 제공합니다. 이건 생명 윤리에 어긋난 일이에요. 영양제를 드리겠습니다."고 했지만, 이미 가족 모두 합의한 상황이었다.

결국 간호사는 외래 진료를 받도록 설득했다. 검사상 전해질 불균형이 심한 것으로 나타났다. 끝내 영양제나 식사를 거부한 보호자들도 전해질 교정에는 동의해 수액 주사를 제공했다. 전신 상태가 워낙 나빠 욕창도 나을 수가 없었고, 그렇게 한 달 만에 환자는 사망했다.

이 사례를 두고 간호사들 사이에서도 격렬한 논쟁이 있었다고 한다. 간호사들은 가족의 상황에 너무나 공감되면서도 환자가 완전히 혼수상태가 아니었다는 점과 스스로 선택한 것이 아니라 가족의 결정이었다는 점 때문에 심각한 윤리적 갈등을 경험한 것이다. 간호사들은 차라리 몰랐으면 좋았을 것이라면서 자신들도 고통스러운데 가족들이 느낄 죄의식은 오죽하겠냐며 안타까워했다.

임종기에 어떤 치료를 할 것인가?

위 같은 경우 환자가 임종 과정에 있었는지 여부와 무엇을 연명의료로 볼 것인가, 누가 의사 결정을 할 수 있는가에 따라 판단이 달라지지 않을까 한다. 먼저, 임종 과정에 있는지 여부는 의학적 판단의 대상이므로 간호사나 가족은 담당 의사의 판단을 존중하고 따르는 것이 마땅할 것이다. 외래 진료가 이런 판단을 구하기 위한 절차로 이해할 수 있을 것 같다.

둘째, 누가 결정할 것인가의 문제는 환자가 스스로 결정하는 것이 가장 바람직하다. 이러한 권리를 보장하기 위해 사전연명의료의향서나 연명의료계획서 제도가 시행되고 있다. 환자가 스스로 결정하기 어려운 경우에는 가족의 진술에 따라 환자의 의사를 추정하거나 가족 전원이 합의해 결정하도록 한다. 따라서 본인이 의사 표현을 할 수 없는 상황에서 가족의 전원 합의로 연명 의료를 받지 않겠다고 결정한 것도 불가피한 선택이라고 볼 수 있다.

마지막으로 법률상 '연명 의료 중단 등 결정'을 이행할 때 '통증 완화를 위한 의료 행위와 영양분 공급, 물 공급, 산소의 단순 공급은 시행하지 아니하거나 중단되어서는 아니 된다.'고 규정한다. 하지만 일반적으로 고령이나 말기 환자의 자연스런 죽음의 과정에서 먹지 못하고 마시지 못할 때 억지로 먹이거나 인공영양을 공급하는 것은 권장되지 않는다. 따라서 이 환자에게 영양 공급은 환자가 자연스런 임종 과정에 있는지에 대한 의사의 판단에 따라 중단할 수도 있는 문제라고 볼 수 있다. 아마도 그래서 환자에게 영양 공급을 안 한 게 아닐까 한다.

어쩌면 자연사를 원했던 가족들은 의료진에게 "당신들의 선택이 맞습니다." 하는 말이 듣고 싶었던 것일지도 모른다. 이런 양가 감정을 가진 사람들 경우에 윤리적으로 혼란스러운 부분에 대해 의료진이나 또 전문가들이 입장을 분명하게 해주면 그것을 가이드 삼아 '이게 맞구나' 하고 확신을 가지고 따라간다. 담당 의사와 간호사들 사이에 이런 부분에 대해 의사소통을 확실하게 하고, 자연스런 죽음의 과정에서 환자와 가족들을 지지해 주는 것이 중요하지 않을까 싶다.

이런 점에서 가족들이 자연사를 원한다는 입장을 의료진에게 분명하게 표명한 것은 좋은 선택이라는 생각이 든다. 다만 이런 결정 과정이 환자 본인의 의사에 따라 이루어질 수 있도록 환자나 가족 모두 노력해야 할 것이다.

혼수상태인데 왜 연명 치료를 계속해요?

장기간 인공호흡기를 하거나 치료 목적으로 혼수를 유도하고 있는 경우, 혹은 지속적 식물 상태에 있는 환자가 장기간 의식이 없다는 이유로 '혼수상태'나 '말기'로 여기고 인공호흡기 등 치료를 중단해 달라는 보호자들을 가끔 만난다. 처음에는 말기도 아닌 환자를 저렇게 쉽게 포기하나 싶고 경제적 부담 때문에 살릴 수 있는 환자의 죽음을 유도해 달라는 말인가 해서 경악했다.

반대로 임종이 임박한 상황에서도 환자가 깨어 있고 의사소통이 된다는 이유로 임종기라는 걸 믿지 못하는 경우도 많다. 이런 경우 사랑하는 사람의 임박한 죽음에 대비할 기회를 놓치고 급작스런 상황 전개에 당황해 허둥거리게 된다.

지속적 식물 상태는 대뇌피질이 손상되어 의식은 없지만 스스로 호흡할 수 있는 상태로 말기 상태와 구별된다. 당연히 임종 과정에 있지 않으니 연명 의료 결정의 대상이 아니다. 인공영양 등 통상적인 처치를 유지해야 하고, 길게는 20년 이상 생존하는 경우도 있었다. 따라서 아픈 이의 현재 상태와 예후, 이후 예상되는 문제에 대해 의료진과 정확하게 의사소통하고 치료 계획을 세우는 것이 중요

하다. 의료진이 먼저 이야기해 주지 않는 경우 주변 사람들의 경험
이나 추측에 의존하기보다 직접 구체적으로 질문하는 것이 좋다.

사전연명의료의향서를 작성해 두었으니 걱정 없어요

가족들에게 알리지 않고 사전연명의료의향서를 작성하거나 작
성 후 일방적으로 통보하고 말기 의료와 죽음에 대한 준비를 마쳤다
고 생각하는 경우가 있다. 개인적으로 사전연명의료의향서를 작성
하는 것은 문서 자체의 효력도 중요하지만 그 과정에서 삶의 마지
막 시기와 죽음에 대해 성찰하고 주변 사람들과 진솔하게 이야기하
는 것이 더 중요한 것 아닐까 생각한다. 의료 상황은 생각보다 복잡
하여 예측하지 못한 변수들이 많이 생기고, 아픈 이를 대리하는 보
호자가 급박한 상황에서 의사 결정을 할 때 아픈 이의 생각을 충분
히 이해하는 것이 매우 중요하기 때문이다. 아래 사례에서 짧은 대
화라도 사전연명의료 계획 과정에서 밝혀 둔 아픈 이의 소망이 어떻
게 남은 이들의 선택에 도움을 주는지 잘 드러난다.

부인암 말기로 입원 중인 중년 여성이었다. 병동에 입원 중에
여러 차례 심정지가 왔고, 그때마다 잠깐 동안 흉부 압박을 시행하
면 회복되었다. 그런데 심정지가 생기는 간격이 점점 짧아졌고, 아
픈 이는 의식이 있어 자신의 죽음이 멀지 않음을 직감했던 것 같다.

어느 날 아픈 이는 이러다 심장 박동이 돌아오지 않으면 심폐
소생술을 하고 인공호흡을 시작하는 것 아니냐며 더 이상 심폐 소생

술을 받지 않겠다는 의사를 밝혔다. 담당의와 면담해 심폐 소생술 금지 동의서를 직접 작성한 후 환자는 이제 "다시 심장 정지가 오면 죽는 거지요?" 하면서 마지막으로 외국에 있는 딸을 보고 죽고 싶다고 했다.

연락을 받은 딸이 서둘러 입국해 병원으로 향하는 중에 심정지가 일어났다. 심폐 소생술을 하지 말라는 서면 동의서와 딸을 보고 싶다는 유언 사이에서 어떤 결정을 해야 할까?

가족들과 의료진은 한 번 더 심폐 소생술을 시행하기로 결정했다. '기도 삽관이나 인공호흡기까지는 하지 말고 흉부 압박만 한 번 더 시도해 보자'는 것이었다. 아픈 이에게 한 번 더 흉부 압박을 하느냐보다 딸을 보고 죽고 싶다는 소망이 더 중요하다는 판단이었을 것이다.

결국 의료진과 가족의 합의로 흉부 압박을 시행했고, 예상대로 아픈 이의 심장 박동은 회복되었다. 아픈 이는 얼마 안 있어 도착한 딸이 두 손을 마주 잡고 바라보는 가운데 죽음을 맞았다. 아픈 이의 의식이 명료하지 않은 상태라 아픈 이가 어떤 마음이었는지 알 수 없지만, 슬픔의 한가운데 서 있는 가족이나 의료진 모두에게 나름 흡족한 결말이 아니었을까 한다. 모두 아픈 이가 미리 밝혀 둔 결정적인 한마디 덕분이었다.

Part.3 _____

그리고 삶은 계속된다…

이어지는 삶과 간병 마침에 대하여

돌보는 이의 입장에서는 아픈 이의 회복이나 죽음이라는 마지막 지점에만 시선을 고정하기 쉽다. 하지만 한 사람의 아픔과 고통, 임종과 죽음의 과정을 함께하며 돌보는 시간은 늘 '그 이후'의 삶과 관계를 맺고 있다. 그 시간을 어떻게 이해하고 받아들이는가에 따라 그 순간뿐 아니라 '그 이후'의 삶과 관계가 전혀 다르게 펼쳐질 수 있다. 설사 간병이 끝나고 아픈 이가 더 이상 곁에 없어도 남은 이의 삶은 계속된다. 결국 아픈 이를 잘 보살핀다는 건 나를 잘 보살피는 길이기도 할 터이다. 그러나 너무 많은 것들이 얽혀 있고, 나만의 노력으로 충분하지도 않은 길이다. 그 길을 찾아가자면 우리에게 더 많은 단서들이 필요할지 모른다.

아픔은 원래
거기 있었다

우리 사회는 아픔을 외면하는 경향이 있고, 사회적 시선에 매몰되어 아픔을 개인의 흠으로 보려는 경향이 있다. 하지만 아픔을 보는 것, 그리고 아픔을 돌보는 것은 누구나 거치는 삶의 한 과정이고, 그 끝에는 아픈 이와 함께하는 또 다른 삶이 있거나 죽음으로 인한 이별이 있다. 어느 쪽이 되었든 자연스러운 삶일 뿐이다. 이런 시간은 개인이 삶을 통찰하는 과정이 될 수도 있고, 이 시간이 지난 후, 즉 간병 이후의 삶에 큰 변화를 주기도 한다. 이제 아픈 이를 돌보면서 우리가 경험하는 변화와 성장, 그리고 받아들임에 대해 이야기해 보려고 한다.

너무나 익숙한 아픔

B가 일하는 곳은 작은 호스피스병원이다. 간호사가 된 지는 이제 25년이 되었고, 그중 호스피스 간호사로서 일한 것은 13년째다. 길다면 길고, 짧다면 짧을 수도 있는 간호사로서의 삶은 늘 아픔과 함께하는 삶이었다.

B가 아픈 이나 가족들에게 종종 듣는 말은 "어휴. 어떻게 이렇게 맨날 아픈 사람들만 보고 살아요."라는 말이었다. 노고에 대한 위로, 존경의 뜻, 또는 안타까움의 표현 등 다양한 의미로 하는 말일 것이다. 그래서인지 어떤 때에는 칭찬으로 들리고, 또 어떤 때에는 안쓰러움으로 여겨졌다.

간호사라는 직업을 가진 B가 아픈 이들을 늘 보고 사는 것은 어쩌면 너무나 당연한 삶이다. 그러다 보니 사람이 아플 수도 있고, 건강을 회복할 수도, 또 때가 되어 죽음을 맞이할 수도 있다는 생로병사의 원칙을 다른 이들보다 늘 더 가깝게 접했다. 하지만 그 말을 자주 듣다 보니 '아픈 사람들을 보고 사는 게 뭐 어떻다고 저런 말을 하는 걸까?'라는 생각이 들었다. 한 가지 확실한 것은 다른 사람들에게 아픈 사람들을 보고 사는 것은 익숙하지 않고, 피하고 싶은 일이라는 것이었다.

혹자는 간호사로서 B의 삶을 보고 '남의 아픔이니 견딜 수 있겠지'라고 생각할 수도 있고 또 실제 그럴지도 모른다. 하지만 B가 아픈 이들을, 또는 죽음을 앞둔 이들을 대하는 것이 특별한 일이 아니라고 생각하게 된 배경은 어린 시절로 거슬러 올라간다. 초등학교

시절부터 만성 신부전으로 고생하시던 할아버지, 비슷한 시기에 암 선고를 받은 어머니, 그리고 한창 예민한 사춘기 시절에 돌아가신 할아버지와 어머니, 그리고 그분들이 겪은 고통과 그 고통을 기꺼이 함께하며 지냈던 가족들의 모습은 B에게 너무나 익숙한 삶의 모습이었다. 아픔을 함께하는 삶은 B에게 낯선 것이 아니었다. 그리고 생로병사를 함께하는 가족이라는 공동체로서 그것은 당연한 것이라고 여기게 된 것 같다.

엄마도 이랬겠구나

B의 할아버지는 만성 신부전으로 일주일에 세 번 혈액 투석을 해야 했다. 한없이 자상했던 할아버지는 염분이 엄격히 제한된 식이요법을 하면서 "이게 음식이냐!"며 밥상을 뒤집어엎는 일이 허다했다. 어머니는 B가 초등학교에 다닐 무렵 처음 암 진단을 받으셨다. 수술과 항암 치료 후 완치되었다고 안심했는데 안타깝게도 고등학교 3학년 때 어머니의 암이 재발했다.

처음 3개월의 예후를 선고받았던 때만 해도 어머니의 암이 재발한 것이 믿기지 않을 만큼 겉보기에는 멀쩡해 보였다. 하지만 이후 3개월간 암세포는 B의 어머니의 몸을 초토화시켰다. 돌아가시기 전의 어머니는 암성 통증과 섬망 증상으로 B가 알던 어머니가 이미 아니었다. 그 당시, 아직 어린 B에게 무의식적으로 체습된 것 중 하나가 할머니와 아버지가, 할아버지께 그리고 어머니에게 해주시던 돌봄이었다.

화가 잔뜩 난 할아버지 앞에서 아무 말 없이 방바닥에 나뒹구는 반찬을 주워 치우시던 할머니의 모습, 진통제 하나 없이 통증을 견디는 어머니 곁에서 무기력함을 그대로 뒤집어쓴 아버지의 절망적인 표정은 오랜 시간이 지난 지금까지도 잊히지 않는 기억들이다. 사랑하는 사람의 아픔을 곁에서 함께한다는 것은 너무나 가슴 아픈, 그래서 벗어나고 싶은 시간들이었던 것만큼은 확실했다.

하지만 아이러니하게도 그 시간들은 30여 년 후 B가 말기암 환자와 가족 앞에서 호스피스 간호사로 일할 수 있는 힘이 되어 주었다. 사실 고3 수험생이었던 B가 어머니를 얼마나 간병했겠냐마는 구토하는 어머니의 등 두드리기, 복수가 찬 배 때문에 발도 제대로 혼자 못 씻는 어머니의 발 씻겨 주기, 어머니의 몸에 붙은 손톱만 한 자석(지금 생각해 보면 자기장을 이용한 대체요법 같았다)을 떼어 정리하기 등이 B가 할 수 있는 돌봄의 전부였다.

무섭게 살이 빠지는 어머니를 바라보며 두려움을 감추고 애써 태연한 척해야 했고, 대학 입시를 흔들림 없이 준비하는 모습을 보여 드려야 했다. 고통스러워하는 어머니를 보며 하늘을 향해 "제발 엄마를 살려 주세요."라는 기도와 "데려가려면 더 이상 고생시키지 말고 빨리 데려가세요."라는 기도가 조석으로 바뀌면서 마지막 시기는 혼돈 그 자체였다. 혼자 방에서 울던 B를 발견한 아버지가 어깨를 감싸 주며 함께 울었던 것도 기억난다. 그날은 B가 아버지의 눈물을 처음 본 날이기도 했다. 아직도 그때의 아픔은 여전히 B 안에 있다. 40대의 젊은 나이에 세상을 떠난 어머니도, 10대의 어린 나이에 어머니를 떠나보내야 했던 B 자신도 가슴 깊이 아픔을 안고 살아야 했던 시간이었다.

어머니가 돌아가신 후, B는 사별을 억누르고 무조건 대학에 합격해야만 한다는 강박 관념에 휩싸여 공부만 했다. 만일 대학 입시에서 떨어지면 "고3이라는 중요한 시기에 엄마가 돌아가셔서 제대로 공부를 못해서 대학에 떨어진 게지……."라고 입방아에 오르내리게 되는 것이 싫었다. 아프지 않은 척, 아무렇지 않은 척하는 것이 익숙해졌고 그렇게 고3 수험생의 시기를, 대학 생활을, 간호사 생활을 했다.

B가 간호학과에 지원한 것도, 호스피스병원으로 이직을 한 것도 어머니의 영향이 컸다. 익숙함이랄까? 아픈 사람들을 대하는 것이 익숙했고, 아픈 이들의 옆자리가 어머니의 옆자리인 양 편안했다. 어머니가 돌아가신 후 10여 년이 지나 호스피스 병동에서 임종을 앞둔 아픈 이를 돌보고서야 B는 자신이 아프다는 것, 아니 아파 왔던 것을 인정하게 되었다. B가 자신의 아픔을 보기까지 10여 년이 필요했다. 아픔을 부정하며 지냈다는 것을 깨닫는 데 필요한 시간이었다.

호스피스 병동에서 임종을 앞둔 아픈 이와 그 가족들을 대히면서 B는 그때의 어머니, 그때의 자신과 다시 만났다. '엄마도 이랬겠구나. 엄마도 무서웠겠다. 엄마도 화가 났나 보다. 엄마도 서운했겠구나. 얼마나 가슴이 아팠을까.' B가 자신의 아픔에 힘들어서 미처 못 봤던 어머니의 아픔도 뒤늦게 보았다. 사춘기 시절 어머니에게 서운함이 더 많았던, 그래서 오해도 많았던 일들이 하나씩 매듭이 풀렸다. 만일 어머니가 살아 계셨다면 함께 그 매듭을 풀었으련만, 혼자 남겨진 B는 아픈 이들의 삶을 엿보면서 어머니를 생각하며 홀로 풀어 나가야 했다.

어머니의 기일에 본 영정 사진 속 어머니는 B보다 나이가 어린 어머니다. B는 이제 어머니가 살아 보지 못한 나이를 살아가고 있다. 가끔 어떻게 살아야 할지 터놓고 의논하고 투정 부리고 싶지만 이제 어머니는 B보다 나이가 어린 셈이니 B가 알아서 살아가야 한다. 먼 훗날, 늙어 버린 딸과 젊은 어머니의 만남을 꿈꾸며 어머니가 남겨 준 삶을 오늘도 살아간다. 아픔은 원래부터 생의 한 과정이었다.

남겨진 가족의 시간은 멈춰지지 않으므로

사랑하는 이의 죽음 후에도 남은 가족의 삶은 지속되고, 사별을 애도하며 떠난 이가 없는 삶에 적응해 간다. 사별과 애도 과정은 떠나는 이의 죽음과 동시에 시작되는 것이 아니라 임종을 준비하는 시기부터 시작된다. 또 사랑하는 사람과 보내는 마지막 시간은 밀도가 높아서 오래 기억되고 힘이 세다.

가정 호스피스를 경험하면서 가장 놀라운 깨달음은 물리적 시간의 길이와 상관없이 마지막 시기에 너무 많은 일들이 이루어진다는 사실이었다. 그 시기에 임종을 앞둔 이와 가족들은 새로운 관계를 만들고 다음 혹은 죽음 이후를 준비하고 있었다. 그리고 사별 후 남겨진 이들은 그 시간을 기억하며 살아갔다. 그 사람들에게 마지막 시간은 '죽음을 기다리는' 것이 아니라 '삶을 이어 가는' 시간이었다.

모든 죽음은 예상보다 빨리 오고 급작스럽다

췌장암 말기인 남편은 집에서 머물면서 가족, 특히 부인 J를 위해 나머지 시간을 보내기를 희망했다. 결혼 후 고생만 시킨 J가 사별 후 슬퍼하며 외롭게 지내는 걸 원치 않는다고 했다. 그래서 부부만의 여행을 다녀오고, 훗날 J가 운영할 가게 자리도 전세 계약을 해두었다. 경제적으로 어렵지 않았으나 사별 후에 J가 슬픔에 젖어 지내지 않고 세상에 나와 사람들과 어울려 살기를 바라기 때문이라고 했다. 악필을 부끄러워하는 J를 위해 경조사 봉투도 수십 통 마련해 주었다. 유산 상속 문제, 묘지와 장례 준비까지 직접 챙기는 남편을 보면서도 그렇게 마지막이 빨리 올 줄은 생각하지 못했다.

임종의 시간이 다가오고, 가족들이 당황하고 막막할 때 호스피스팀은 남편에게 살아온 이야기를 해보라고 권했다. "부인한테 미안하다고 하셨는데, 뭐가 제일 미안하세요?" "미안하다고 직접 표현한 적은 있으세요?" "그럼 지금 부인에게 직접 말씀해 보세요." "부인께선 무슨 말씀을 하고 싶으세요?"

그런 질문을 하던 중에 바이올린을 좋아하는 남편이 J를 위해 연주한 적은 없다는 사실을 확인한 호스피스팀은 남편에게 J를 위한 연주를 권했다. 남편은 너무 오랫동안 연주하지 않았고 팔에 힘이 없어 어렵다며 사양했지만, 호스피스팀은 "실력보다 마음이 중요하죠. 지금이 제일 좋은 때죠. 다음을 기약할 수 없는 게 인생이잖아요?" 하며 설득을 멈추지 않았다.

그렇게 아파트 거실에서 남편은 J를 위해 '당신만을 사랑해'를 연주했고, 그 장면은 지금까지 J의 핸드폰에 저장되어 있다. 임종 열흘 전의 일이었다. 팔의 힘이 없어 삑사리가 나기도 했지만 상관없다. J는 틈만 나면 동영상을 들여다보며 남편을 추억하고 기회가 될 때마다 사람들에게 들려준다. 남편과 함께한 마지막 40일은 짧았지만, 아주 긴 여운을 남겼다.

가족이 의지할 곳을 찾아 주고 싶어요

가정 호스피스^{238쪽 참고}에서 운영하는 주간보호 프로그램은 전문가가 제공하는 전신 아로마 마사지, 정성껏 차린 맛난 식사, 재미난 요법들로 구성된다. 특히 아픈 이들은 아로마 마사지를 받으면 2주 동안은 통증이 덜하다며 만족스러워했다.

그런데 주간보호 프로그램에 참석한 대장암 말기였던 한 남성인 K가 유난히 눈에 띄었다. 간병하는 어머니와 어린 남매까지 온 가족을 대동하여 주간보호 프로그램에 왔는데, 가족들만 사람들과 어울리도록 하고 정작 자신은 어떤 프로그램에도 참여하지 않았다. 심하게 부은 다리와 통증에 도움이 될 거라고 아로마 마사지를 받아 볼 것을 권해도 정중하게 사양했다.

아이들이 프로그램에 참석하는 동안 K가 문 밖에서 담배를 피우며 기다리는 모습이 마치 아이들 프로그램에 보호자로 따라온 것 같았다. 그래도 꾸준히 아이들을 데리고 주간보호 프로그램에 왔고, 가정 방문을 가도 아이들과 호스피스팀 멤버들이 어울리는 분위기를 만들고 자신은 뒤로 물러나 있었다.

알고 보니 K의 부인은 외국인으로 직장을 다니고 있었고, K의 어머니가 K를 간병하는 상황이었다. K는 자신이 죽고 나면 한국 문화를 잘 모르는 부인이나 고령의 어머니가 어린아이들을 보살피기에는 부족하다고 여겼다. 그래서 어떻게든 죽기 전에 아이들과 어머니가 심적으로 의지할 만한 인연을 조금이라도 더 만들어 주고 싶어 했다. 가정 호스피스를 받으면서도 아이들을 중심에 두고 관계를 맺는 이유였다. 죽음을 앞에 둔 K에게 가장 다급하고 중요한 관심사는 고통을 줄이는 것도, 평화로운 죽음도 아니었던 것이다. 오직 아이들의 삶에 오래 도움이 될 수 있도록 좋은 영향을 남기려는 마음뿐인 것 같았다. 아이들이 자원봉사자로 함께한 젊은 수사님과 친밀해지는 모습을 보는 것이 그분의 마지막에 조금이나마 위안이 되었으면 좋겠다.

함께하는 행복, 집이니까 가능하죠

"안녕하세요!!!"
뜻밖에도 문을 열어 주고 허리를 숙여 인사하는 이는 어린 남자 아이였다. 여덟 살, 아픈 이의 아들이었다.

"학교에서 벌써 돌아왔구나? 공부방은 안 갔어?"

현관문을 들어서면서부터 자연스레 아이와 대화하게 됐다.

"당분간 공부방에 가지 말라고 했어요. 함께 (시간을) 보내야 할 것 같아서……" 하고 아이 아빠가 대신 대답했다.

그는 거실 창가에 놓인 침대 위에 누워 지내는 말기 암환자였다. 직장에 다니는 부인을 대신해 아이 할머니가 아픈 아들과 손자를 돌보고 계셨다. 이번은 아픈 이가 이틀 전에 퇴원해 집으로 온 후 첫 가정 방문이었다.

"드시는 건 좀 어떠신가요? 잠은 잘 주무시나요? 대변은 어떤 가요?"

아픈 이의 기본적인 일상, 먹고 배설하고 잠자는 상태가 어떤지 살펴보았다. 아픈 이에게 문제가 되는 것은 심한 변비였다. 변비약을 먹고 관장을 해도 소용이 없다고 했다. 그 말을 들은 호스피스간호사는 "그럼, 저희가 (손가락 관장을) 좀 해볼까요?"하고 물었다. 아픈 이가 미안한 듯 망설이자 모친이 대신 "관장을 해서 변을 보고 나면 먹는 것도 좀 나을 건데……" 하고 대답했다.

간호사가 "네, 그럼 관장을 해봐요." 하고 준비물을 챙기려는데 어느 틈에 아이가 기저귀며 신문지, 비닐장갑, 윤활제 대용 로션까지 챙겨 나왔다.

"어머, 어떻게 이걸 다……" 감동한 어른들의 칭찬에 신이 난 아이는 아빠가 자세를 바꾸는 것을 거들고, 간호사가 관장하는 동안에는 간호사 반대편에서 아버지의 엉덩이를 잡고 자세를 지탱할 수 있게 도왔다.

관장이 끝나자 아이는 방문 팀을 향하여 "아버지 관장해 주셔서 감사합니다~~." 하고 꾸벅 절을 했다. 그 모습을 보고 어른들은 "어머, 어쩜 이렇게 똑똑하대. 기특하기도 해라." 하며 다 같이 왁자하게 웃었다.

이후 아픈 이를 둘러싸고 앉은 어른들의 대화 주제는 계속 아이 주변을 맴돌았다.

"저 그림은 뭐예요?"

"애가 학교에서 그려 왔더라고요."

"어머, 그림도 잘 그리네." 하면서.

그동안에도 아이는 신이 나서 거실과 방을 오가며 펄쩍펄쩍 뛰어다녔다. 기어코 너무 뛰지 말라는 아빠의 지청구를 듣고도 아이의 얼굴에서는 웃음이 떠나지 않았다. 뛰어오르는 아이의 얼굴에 비스듬히 비쳐드는 오후 햇살이 눈이 부셨고, 어른들의 말꼬리에도 자꾸 유쾌한 웃음이 매달려 나왔다. 아이에게 무엇이든 조금이라도 더 남겨 주고 싶고, 자신 없이 남겨진 세상에서 아이가 한마디, 한순간이라도 더 기억해 주길 바라는 아픈 이의 마음을 알기에 어른들은 사소한 것 하나에도 온 힘을 기울여 반응하고 최선을 다해 웃었다.

아이가 왜 그렇게 신이 나 있었을까? 이전 상황을 떠올리면 그 이유를 알 것 같다. 아버지가 병원에 계신 동안에는 할머니도, 손님들도 모두 병원으로 가고 없었을 것이다. 학교에서 돌아오면 텅 빈 집에서 홀로 엄마가 출근 전에 챙겨 둔 밥을 먹고, 그때쯤 알아서 숙제를 잘하고 있으라는 엄마의 전화가 왔을지도 모른다.

그렇지만 여덟 살 아이에게 혼자 있는 집은 무섭고, 외롭다. 아이는 잠깐 컴퓨터 게임을 하느라 숙제를 마치지 못하고 퇴근한 엄마에게 혼나는 일도 있었을 것이다.

그런데 아빠가 돌아오고 할머니가 돌아오고 손님들도 모두 돌아왔다. 칭찬을 하건 혼을 내건 매 순간 아빠의 관심은 온통 아이뿐이었다. 어쩌면 여덟 살 인생에서 가장 아빠를 가깝게 느끼고, 가장 행복한 시간일지도 몰랐다. 아마 아픈 이는 그런 순간을 위해 전신 마비가 찾아오는 몸을 이끌고 집으로 돌아왔을 것이다.

내가 돌보던 이의
마지막을 떠올릴 때
아프지 않을 수
있다면

Q의 아버지는 여든 즈음에 백 세를 훌쩍 넘긴 할머니를 집에서 돌보셨다. 할머니께서 집 밖 출입을 못하신 기간이 5년, 완전히 누워 계신 기간이 5개월, 그리고 임종 기간이었다. 특히 마지막 5개월 동안, 임종이 오기 전까지 아버지는 무척 힘들어하셨다. 아버지는 잠시라도 할머니가 찾을 때를 놓치거나 지연될까 봐 불안해했다. 그런 불안 때문에 수시로 할머니 방을 드나들며 살피면서도 할머니의 요구에 즉각 응할 수 있는 방법을 고안해 내셨다. 할머니 손이 닿는 곳에 색색의 줄을 연결해 두고 "물을 마시고 싶으면 이 줄을 잡아당기면 돼요. 이 줄을 잡아당기면 불도 꺼져요." 하고 약속을 하신 것이다. Q가 할머니한테 "줄 안 헷갈려요?" 하고 물어볼 정도였다. 서로 생활하는 방이 다르니 자는 동안 할머니께서 자신의 눈을 벗어나는 순간까지 놓치지 않으려는 안간힘이었다.

그렇게 세심하신 아버지도 여느 모자 관계처럼 할머니와 애증이 있었다. 그것이 마지막 시기에 폭발했다. 매일 티격태격하는 일이 반복됐다. 갈등은 지난 시간 속에 쌓인 것이기도 했고, 현재 조건에서 더 잘 보살펴 드리고 싶은 아버지의 마음과 어머니로서 마지막까지 자기 방식대로 살고 싶은 할머니의 의지가 충돌하는 것이기도 했다. 고모들은 갈등으로 힘들어하는 아버지를 이해하지 못했다. 때론 "엄마가 얼마나 사신다고, 어떻게 그럴 수 있냐."고 아버지를 못된 아들인 양 몰아갔다. 남매들 사이의 갈등도 깊어 갔다. 아버지 입장에서는 간병을 하지도 않으면서 말만 하는 동생들이 얄미울 만도 했다.

어느 날 참다못한 아버지는 옷을 벗어 버리는 등 섬망 증상을 보이는 할머니 모습을 사진으로 찍어 고모들에게 보냈다. '오늘 아침 우리 엄마 사진이다.' 하시면서. 그걸 보고서 놀란 딸들이 모두 달려와 한바탕 난리가 났다. 고모들은 그제야 "더 이상 안 되겠다. 한 명씩 엄마 옆을 지키며 자야겠다"고 결론 냈다. 서너 주 동안 고모들이 와서 번갈아 간병했다. 그 사이 마음이 상한 Q의 어머니는 간병하는 시누이들의 식사를 챙기지 않았다. 고모들은 각자 도시락까지 싸가지고 와서 할머니 간병 당번을 섰다. 어머니의 독한 결정 덕분에 고모들은 짧은 기간이나마 제대로 딸 노릇을 해야 했다.

어느 주말, Q가 부모님 댁을 방문했을 때 간병 당번인 둘째 고모가 이상한 위치로 텔레비전을 돌려놓고 할머니 계신 방에서 시선이 닿지 않는 거실의 소파 한쪽에 앉아 보고 계셨다. Q가 "고모, 그렇게 앉아 계시면 할머니가 안 보이지 않아요?"하고 여쭈니 고모는

"어, 할머니가 보면 자꾸 오라고 해."라고 답했다. 너무 힘들어서 할머니께서 부르실까 봐 문 뒤에 숨어 계셨던 것이다.

그렇게 고모들은 직접 할머니 간병을 해보고 나서야 "너희 아빠가 힘들었겠더라." 하고 그간 아버지 노고를 인정했다. "오빠가 어떻게 그러냐." 하면서 화를 내던 고모들의 마음이 풀어져 부모님과도 사이가 화기애애해졌다. 그 마지막 3주는 고모들에겐 깨달음의 시간이었고, 남매들에겐 화해의 시간이었다. 고모들이 간병을 담당한 지 3주 만에 할머니는 임종하셨다.

장례식장은 가족들 간 만남의 장으로 여길 정도로 분위기가 좋았다. 주변 사람들이 다 쳐다보고 왜 그렇게 좋은지 궁금해할 정도였다. 그 마지막 시간이 없었다면 아버지와 고모들의 갈등은 깊어지고 어쩌면 관계가 끊기게 되었을지도 모를 일이다.

Q는 그 3주라는 돌봄의 시간이 갖는 의미가 새롭게 다가왔다고 한다. 건강한 사람의 입장에서 육체적으로만 바라볼 것이 아니라는 것이다. 누군가를 돌본다는 건 말 그대로 '남을 간병한다는 것만이 아니고 큰 그림이 따로 있구나.' 하는 걸 할머니의 죽음을 경험하며 알게 되었다는 것이다.

누구나 죽는다는 건 알지만 모두 피하고 싶어 한다. 그러다 보니까 갑자기 사랑하는 이의 죽음을 맞거나 아픔을 경험하면 우왕좌왕하게 된다. 하지만 잘 받아들이고 준비하면 좋은 체험이 될 수도 있다는 것을 알게 되었다. 그전에는 '힐 다잉(heal dying)'이라는 말을 사람들이 좋은 의미로 의례적으로 쓰는 말인 줄 알았다. 하지만 서로 관계가 좋지 않았던 사람들이 그 짧은 시간에 경험을 공유하면서 관계를 회복했다. 죽어 가는 사람도 자기 인생에서 치유되고, 가족들도 치유되니 실제로 죽음이 사회를 치유하는 시간이 될 수 있겠다는 생각이 든다는 것이다.

아무것도 해줄 수 없는
마지막 시간이 오면……
임종기에
일어나는 일들

처음 호스피스 병동에 아픈 이가 입원하면 며칠간은 통증이나 아픈 이를 힘들게 하는 다양한 증상들을 적극적으로 조절한다. 시간이 지나 아픈 이가 어느 정도 편안한 상태가 되면 가족들은 그동안 통증 때문에 아픈 이에게 못해 준 것들을 마음껏 해주고 싶어 한다. 휠체어를 태우거나 침대째로 야외 정원을 데리고 나가거나, 생일 축하, 결혼기념일 등 기념할 만한 구실을 만들어 축하 파티를 하며 마지막으로나마 아픈 이와 뜻깊은 시간을 보내고 싶어 한다. 그마저도 마땅치 않다면 주말에 가족들이 많이 모이는 때를 골라 함께 사진을 찍어 남기기도 하고, 아픈 이가 좋아했던 음식을 만들어 와서 밥 한 끼라도 아픈 이와 함께 먹으려 한다.

아픈 이를 위해 무엇이든 하면서 아쉬움을 남기지 않으려는 가족들의 마음이 읽힐 때에는 그 모습을 바라보는 것만으로도 가슴이

먹먹하고 아름답다. 그러나 잔인하게도 흐르는 시간만큼 질병은 깊어진다. 호스피스에서 하는 완화적 치료들은 말 그대로 통증이나 증상을 완화시킬 뿐 말기의 진행성 암은 여전히 남아 있다. 그리고 예정된 시간은 야속하게도 어김없이 찾아온다.

생의 마지막, 호스피스 병동에서는 어떤 일이 일어날까?

임종이 임박해지면 가족들이 가장 많이 하는 질문이 있다. "어떻게 이렇게 갑자기 나빠질 수가 있지요?"라는 말이다. 가족들은 갑작스럽게 느끼겠지만 실은 몸 안에서는 질병이 계속 진행되고 있었다. 그러나 눈에 나타나는 것은 한순간인 것처럼 보인다. 호스피스에서 일한 의료진들은 늘 이러한 진행을 예상하지만 가족들은 겉으로 보이는 것에 집중해 오기 때문에 임종이 가까워짐을 알리면 의례히 이런 반응이 나오는 것이다.

아픈 이의 임종이 임박해지면 상황에 따라 평균 1~3일 전에는 호스피스 병동에 마련된 임종실로 아픈 이를 옮긴다. 이는 다인용 병실에 있는 아픈 이와 가족을 위해서도 필요한 배려이나 무엇보다 임종을 앞둔 아픈 이와 가족들만을 위한 소중한 이별의 시간과 공간을 갖도록 하기 위함이다.

임종실에 옮겨진 아픈 이들은 대부분 의식이 많이 떨어져 있고 이제까지 해오던 언어적 의사소통은 거의 어렵게 된다. 아니 깨어 있어도 장기들의 기능이 저하되면서 말기 섬망이라는 증상으로 인해 안절부절못하거나 환시와 환청에 힘들어해 진정제가 투여되는 경우도 있다. 결국 아픈 이는 다시 갓난아기로 돌아간 듯이 깨어 있는 시간보다 대부분의 시간을 잠자는 듯이 있다.

처음에는 아픈 이가 깨어 있기를 바라던 가족들도 더 이상 의사소통도 안 되고 안절부절못하며 힘들어하는 아픈 이를 지켜보기 어려워 의료진이 어떻게든 해주기를 바라게 된다. 아픈 이가 진정되어 깊은 잠으로 들어가면 그때부터 가족들은 다시 불안해진다. '무언가를 해주는 것'에 익숙해진 가족들은 이제부터 '아무것도 해줄 수 없는' 시간을 경험한다. 사랑하는 사람의 죽음을 곁에서 보면서 해줄 수 있는 것이 없다는 경험은 가족들을 이중으로 힘들게 한다.

점점 죽음의 순간으로 가까워짐에 따라 가족들은 슬픔과 함께 두려움, 긴장감, 공포, 불안 등을 경험한다. 이때가 되면 호스피스팀의 의사, 간호사, 사회복지사, 원목자는 그 어떤 시기보다 더 많은 관심과 지지를 해준다. 임종기에 나타나는 다양한 증상과 대처 방법을 안내하고, 실질적인 장례 준비가 어느 정도 되어 있는지를 최종 확인하며 아픈 이의 임종이 순탄히 이루어질 수 있도록 노력한다. 무엇보다도, 무력감을 느끼면서도 아픈 이를 혼자 두지 않고 그 곁을 지킨다는 것이 얼마나 큰일인가를 깨닫고 의미를 가지도록 지지해 준다.

이런 시간이 무슨 의미가 있을까요?

말기 위암인 50대 초반의 남편을 '씩씩하게' 간병하던 부인이 있었다. 중고등학생의 어린 자녀들을 둔 부인은 낮에는 남편 대신 가장으로서 경제 활동을 해야 했고, 퇴근 후에는 병원에 들러 남편을 간병하다가 다시 밤늦게 집으로 돌아갔다. 피곤할 법도 한데 아침 일찍 아이들을 학교에 보내고 출근 전 병원을 들르는 날이 더 많았다.

시댁 식구들이 함께 간병해 주면 좋으련만 그마저도 여의치 않아 낮 동안에는 남편 혼자 병원에 있는 날이 더 많았다. 주말이 되면 부인은 연세가 많이 드신 시부모님과 자녀들을 데리고 와서 남편과 시간을 갖도록 해주었고, 남편의 지인들에게도 연락해서 오랜 친구들과 추억을 되돌아볼 시간을 마련하기도 했다.

부인을 보며 행여나 부인이 먼저 몸져눕진 않을까 걱정되었을 정도였다. 이렇게 열심히 간병해 오던 부인에게도 남편의 마지막이라는 시간은 예외 없이 다가왔다. 남편의 의식은 저하되어 언어적 의사소통은 어려워졌고, 잠을 자는 시간이 길어지다 보니 눈빛으로나마 소통할 기회마저 없었다. 부인은 친지나 친구들을 데리고 와도 소통이 안 되는 남편 앞에서 아무것도 해줄 것이 없다는 무기력함을 느끼며 힘들어했다.

그도 그럴 것이 이제까지 무언가를 끊임없이 해주는 것에 익숙한 돌봄을 주다가 갑자기 아무것도 해줄 수 없는 시간이 되고 보니 괴로웠으리라. 그러나 마지막 임종의 시기란 늘 그러하다. 이제까지

해오던 방식대로 유지하려 하면 할수록 무기력감을 느끼기 마련이었다.

부인은 자주 간호사실로 나와 "제가 곁에서 뭘 더 해줘야 할까요?"라며 눈물을 흘렸다. 슬픔과 무기력함에 괴로워하는 부인에게 호스피스팀이 다음처럼 말해 주었다.

"단지 곁에 그저 함께 있어 주시는 것만으로도 아픈 이에게는 큰 도움이 된답니다. 갓난아기도 그냥 잠만 자죠. 그래도 엄마는 그 곁에 함께 있어 줍니다. 그리고 자다가 깨서 엄마가 곁에 있는 것을 보고 안심하고는 다시 잠드는 아이처럼 이 시기에는 그저 내 곁에 누군가가 함께 있다는 것을 느낄 수 있게 해드리면 됩니다. 간혹 머릿결을 쓰다듬어 주어도 좋고 손발을 만져 줘도 좋아요. 마치 아이가 자다가 깨어났을 때에 혼자가 아닌 것을 느끼듯이 아픈 이에게 혼자가 아니라는 것을 느끼게 해주세요."

부인은 이 말을 듣고도 끊임없이 무언가 해주려고 애썼다. 남편에게 눈을 떠보라고 종용하기도 하고 정신을 차리라고 다그치기도 했다. 고열이 있어 미지근한 물수건으로 몸을 닦아 주면 좋다고 했더니 아픈 이가 쉴 틈도 없이 물수건을 바꿔 가며 닦아 줘서 결국에는 그만해도 되니 아픈 이도, 부인도 좀 쉬는 게 좋겠다고 말하기도 했다. 무엇이든 해주는 것에 익숙한 부인에게 너무 많은 것을 해주려 하지 말고 함께 있어만 주라는 말은 고문과도 같았나 보다. 어쩌면 부인은 가만히 있으면 너무 불안해서 무엇이든 해야만 했던 것은 아닐까.

남편의 임종 과정은 의료진의 예상보다 길어졌다. 대개 호스피스에서는 임종 1~3일 전 정도를 예상하고 임종실로 아픈 이를 옮기는데 5일째로 접어들었다. 부인은 다시 간호사실로 나와 "저렇게 힘든 시간이 얼마나 더 지속될까요? 그냥 이제 편히 가도 좋으련만 왜 저렇게 못 가고 있는지 너무 안쓰러워요."라며 눈물을 흘렸다.

부인에게 죽음의 순간을 생명이 탄생하는 순간에 빗대어 설명해드렸다.

"어떤 출생은 순식간에 풍덩 아이가 나오기도 하고, 또 어떤 출생은 오랜 시간 힘들게 이어지기도 해요. 순산과 난산이 있듯이 임종기 역시 빠르게 진행하기도 하고, 힘들게 진행하기도 하고, 또 길게 늘어지기도 해서 지켜보는 이마저 진이 빠지는 경우도 있답니다. 호스피스에서는 어떤 죽음이건 있는 그대로의 자연스러움이에요. 우리가 순산이든 난산이든 어쩔 수 없다고 여기듯이 죽음 역시 그러하지요."

며칠 새 얼굴이 반쪽이 된 부인을 데리고 임종실 남편의 곁으로 들어갔다. 아픈 이는 이전부터 호흡 곤란과 등의 통증으로 누울 수가 없었다. 임종실에서도 침상을 올려 거의 앉은 자세로 있었고 고개를 제대로 가누지 못해 머리는 뒤로 젖혀진 상태로 입을 벌린 채 거친 호흡을 하고 있었다.

부인은 남편의 모습을 불쌍히 바라보며 행여나 남편이 들을까 속삭이며 "이렇게 살아 있는 것이 무슨 의미가 있을까 싶어요."라며 안타까워했다. 이런 생각을 하는 가족들이 의외로 많다. 임종이 임박한 아픈 이가 마지막 온 힘을 다해 거친 숨을 몰아쉬면 가족들은 차마 못 보겠다며 어차피 갈 거라면 차라리 빨리 가는 것이 낫다고 생각하는 것이다. 그러한 생각은 사별 후 '어떻게 내가 그런 생각을 했을까?'라며 큰 죄책감으로 되돌아온다.

우리가 길을 걷다가 보도블록이나 아스팔트 틈새에 핀 작은 꽃들을 보면 아무도 '뭐 이런 곳에서 이렇게 힘들게 피어 있나' 하며 뽑아 버리지 않는다. 오히려 '이런 곳에서 용케도 피어 있구나' 하며 기특하게 생각하는 사람들이 더 많다. 하물며 꽃에게도 해주는 이러한 격려를 최선을 다해 마지막 숨을 쉬고 있는 아픈 이들에게는 왜 못해 주는 걸까 아쉬움이 든다. 부인에게 이러한 비유를 말해 주자 깊은 생각에 잠기는 듯했다.

무기력의 시간이 힘이 되어 올 때

다음 날 아침에 출근해 보니 임종실은 빈 침대만 덩그러니 놓여 있었다. 밤사이 아픈 이는 부인과 자녀들을 뒤로하고 먼 하늘길로 떠나신 것이다. 장례를 모두 마친 며칠 후 부인은 자녀들과 함께 그동안 감사했다는 인사를 위해 들렀다. 부인은 아픈 이가 임종실에 계실 때보다는 홀가분한 표정이었다. 그동안 애쓰셨다는 인사와 많이 힘드시지 않은지 묻자 부인은 대뜸 말했다.

"간호사님, 제가 우리 신랑 마지막 떠날 때 뒤에 앉아서 받쳐줬어요. 그때 간호사님이 그러셨잖아요. 임종 순간이 출산의 순간과 같다고요. 그 말이 생각나더라고요. 남편이 침대에 눕지도 못하고 앉아 있는데 문득 간호사님 말이 생각났어요. 그래서 제가 침대 위에 올라가서 남편 뒤에 앉아서 제 몸으로 안아 줬어요. 몇 시간을 그렇게 제게 기대서 숨을 몰아쉬더니 새벽녘이 되니 숨소리가 이상해지더라고요. 그런데 하나도 무섭지가 않았어요. 예전에 애들 어릴 때 제 품에서 잠든 아이들의 숨을 느꼈던 것하고 비슷하게 남편의 호흡이 제 가슴에 전해지는데 그게 너무 좋았어요. 아마 평생 잊지 못할 것 같아요."

부인은 양손을 가슴에 대고 그 호흡을 가슴 깊이 품는 듯했다. 아픈 이의 마지막 임종 모습이 그림처럼 떠오르며 부인의 품에 기대어 앉아 숨을 거둔 마지막 모습이 엄마 품에서 평화로이 잠든 아이의 모습과 겹쳐졌다.

임종도 정상 과정이다

대학병원 중환자실이나 일반 병동에 심폐 소생술 금지(DNR) 동의서를 작성한 환자가 있을 때 흔히 벌어지는 광경이 있다. 임종이 임박하면 아픈 이가 턱을 이용한 구강 호흡을 하며 그렁그렁 가래 끓는 소리를 낸다. 마음속으로 아픈 이의 죽음을 예감하며 곁을 지키던 가족들도 그 소리를 들으면 동요하고, 간호사실로 달려 나와 "환자가 저렇게 힘들어 하는데, 의사는 어디 있나요? 왜 아무것도 해주지 않아요?" 하며 항의한다. 의사는 "DNR이잖아요."라는 말만 하며 잘 나타나지 않고, 보호자들의 목소리가 점점 거칠어지는데 딱히 '해줄 것이 없는' 간호사는 가래를 뽑는 일이라도 하게 된다.

임종하는 시기에 '할 일' 혹은 '기대하는 일'에 대해 생각의 차이가 많다. E의 아버지는 대장암 말기 진단을 받은 후 연명 의료를 거부하고 집에 계시던 중이었다. 갑자기 심한 복통과 구토가 일어나 대학병원 응급실에 갔다. 대학병원 의료진은 아픈 이가 평소 연명 의료를 원치 않았다는 말에도 불구하고 장천공으로 인한 패혈증이 의심된다며 중환자실로 입원할 것과 내시경 등 각종 검사를 제안했다.

그러나 가족들은 아픈 이의 평소 의사를 존중하기로 결정했고, 아픈 이와 가족들은 일반 병동의 간호 처치실에서 마지막 시간을 보내게 되었다. 마지막 날 아침까지도 담당의는 뭐라도 해야 하지 않겠느냐, 환자가 저 모양인데 아무것도 안 하겠다는 말이냐며 E에게 CT 촬영을 권유했고, 아버지는 몇 시간 후 임종하셨다.

아버지의 장례식장에서 E의 어머니는 어느 순간 마지막이라는 예감을 했다고 밝혔고, 함께 그 곁을 지켰던 나도 그런 예감을 한 순간이 있음을 고백했다. 그때 E는 왜 그런 이야기를 자신에게 해주지 않았냐고 원망을 토로했다. "그 밤이 아버지와 마지막으로 보내는 시간인 줄 알았다면, 담배 피러 나가는 시간도 아껴서 아버지와 함께했을 것"이라고 했다. 돌아보니 담배를 피기 위해 아버지 곁을 떠난 그 시간이 그렇게 아까울 수가 없다는 것이다. 임종을 앞둔 가족들이 '뭐라도 해달라'고 할 때 원하는 것은 CT 촬영이나 가래 뽑는 게 아니었던 것이다.

호스피스에서도 임종을 앞둔 이의 곁에서 가족들이 동요하기는 마찬가지인데, 임종 증상을 대하는 의료진의 태도와 접근이 다르다.

"숨을 왜 저렇게 쉬어요?"하고 물으며 임종 전에 나타나는 증상에 대해 가족들이 불안해할 때, 호스피스 팀원들은 호흡의 변화나 가래 끓는 소리는 임종의 지극히 정상적인 과정임을 강조한다. 임종을 처음 접하는 가족의 눈에 비정상으로 보이는 모습이 사실은 '자연적인 임종기에 보이는 정상 반응'이라는 사실을 알게 되면 가족들은 대개 고개를 끄덕이며 수긍한다.

그러면 그런 호흡이나 가래 소리 등 눈에 보이는 증상들은 관심에서 벗어나게 된다. 이제 죽어 가는 '사람', '주어진 시간'에 집중할 수 있게 되는 것이다. 많은 사별 가족들이 장례 후에 찾아와 하는 말이 마지막 임종실에서 보낸 시간이 얼마나 소중한 시간이었는지 모르겠다는 말이다. 때로는 그래서 더 사무치게 그리울 때도 있으리라. 하지만 최선을 다해 돌봤다는 자신에 대한 칭찬과 자긍심은 훗날 사별의 슬픔을 견디는 데 큰 힘이 될 것이다.

충분히 오래
슬퍼해도 됩니다

호스피스 병동에는 아픈 이가 돌아가시고 난 뒤에도 유가족들이 인사를 하러 오는 경우가 종종 있다. 삼우제를 지내기 전에 들르는 분이 있는가 하면 아픈 이와 사별하고 몇 년이 지난 후에도 주기적으로 찾아오는 분도 있다. 어떤 이들은 병동 안으로 들어와 고인이 마지막으로 계시던 병실을 둘러보고, 어떤 이들은 차마 병동에 못 올라오고 1층 로비에서 눈시울을 붉힌다. 이곳에 오면 여전히 사랑하는 이가 있을 것만 같은 마음 때문일 수도 있고, 함께 보냈던 마지막 시간을 기억하고 싶어서일 수도 있다. 아니면 힘들었던 마지막 시간을 함께해준 사람들에게 고마운 마음을 표현하고 싶어서일 수도 있을 것이다. 그렇게 사별 가족들은 각자의 이유를 가지고 다시 한 번 아팠던 현장으로 어려운 발걸음을 한다.

이제 이들은 '○○○의 가족'이라는 단어 앞에 '사별'이라는 단어를 붙여 '○○○의 사별 가족'으로 불린다. 사별이라는 말은 죽음으로 사랑하는 사람을 상실하면서 겪는 다양한 경험과 변화를 포함하는 특수한 상황을 일컫는 말이다. 이 기간 동안 가족들은 사랑하는 이가 사라졌다는 것을 삶 속에서 반복적으로 경험하며 고통스러운 시간을 보낸다.

언젠가 부인을 사별한 70대 남성이 오랜만에 호스피스 병동에 찾아오셨다. 암 진단을 받은 지 3개월 만에 부인을 떠나보낸 분이었다. 월말이 되어 식탁에 놓인 고지서들을 볼 때마다 부인 생각이 나서 힘들다고 하셨다. 도시가스 요금이나 아파트 관리비 같은 것은 일생 부인이 챙겨 왔는데 이제는 자신이 고지서를 들고 쩔쩔맨다는 것이다. 그는 "가려거든 이런 거나 알려 주고 가지……."라며 말끝을 흐렸다. 덩그러니 식탁 위에 놓인 고지서들을 보면서 혼자 남겨진 자신이 투영되었으리라. 그 고지서를 들고 은행에 가는 길 내내 이제까지 부인도 이 길을 걸었겠구나 하며 부인을 떠올렸을 테다. 남겨진 가족들은 그렇게 떠나간 이의 빈자리를 느끼며 이제 그가 없다는 슬픈 현실을 자각하고 곱씹는다.

충분히 애도하고 있나요?

애도란 사랑하는 이의 죽음 후에 뒤따르는 슬픔을 표현하는 것을 말한다. 사별에 따른 슬픔을 비통(슬플悲+아플痛), 비탄(슬플悲+탄식할嘆), 비애(슬플悲+슬플哀)라고 표현한다. 얼마나 슬펐으면 아프기까지 할까? 얼마나 슬펐으면 나오는 게 한숨과 탄식뿐일까? 얼마나 슬펐으면 슬프고도 또 슬플까? 이렇게 아픈 감정을 어떻게들 가슴에 품고 버틸까?

사별 기간은 사람에 따라 다르다. 하지만 대개 6개월에서 2년째 되는 시기에 감정적 고통이 치유되기 시작한다. 물론 개인에 따라 더 길 수도, 더 짧을 수도 있다. 중요한 것은 기간이 아니라 충분히 애도의 시간을 가졌는지다.

암으로 남편과 사별한 지 2년이 되었다는 한 여성은 사별의 슬픔에 대해 이렇게 말했다. "시간이 지나면 기억도 흐려지고 슬픔도 좀 옅어질 줄 알았는데, 시간이 갈수록 더 그립고 더 보고 싶어요. 기억은 점점 생생해져서 애기 아빠(남편)가 마지막에 한 말들, 웃던 모습…… 다 기억해요. 매일매일 기억하며 살아요."

그분은 매일매일 남편을 떠올리며 눈물짓지만 그 슬픔을 가장 잘 이해할 수 있을 자녀들에게는 내색하지 않는다고 했다. 그래서 언제나 호스피스팀 사람들을 만나는 것을 반겼다. 남편의 마지막을 함께했고, 마음 놓고 남편과의 추억, 사별의 슬픔을 이야기할 수 있어서다.

사별로 인한 슬픔은 반드시 표현되어야 한다. 슬픔이라는 감정은 마치 물탱크에 물이 차오르는 것과 같다. 비워 내지 않으면 위험 수위를 넘어 넘치거나 터져 버린다. 제대로 표현되지 못한 슬픔은 뜬금없는 눈물로 나와 우리를 당황스럽게 하거나, 엉뚱한 감정으로 폭발하기도 한다. 때로는 몸의 이상 징후나 질환으로 이어진다.

몇 해 전, 호스피스에서 췌장암으로 남편을 사별한 부인이 있었다. 자신의 건강을 돌보지 않고 간병에만 전념하느라 구안와사까지 겪었던 분이었다. 장례식에서는 너무 많이 울어 쉿소리가 날 정도로 목이 쉬었다. 사별 후 부인은 극심한 두통이 지속되어 병원을 찾았다가 뇌종양이 의심된다는 진단을 받았다. 양성일 수도 있지만 수술해 보는 것이 좋겠다는 소견을 들은 부인은 남편의 임종 때 가장 의지했던 호스피스팀 원목자를 찾아 상담했다.

상담 내내 부인은 남편과의 사별로 인한 슬픔을 토해내기만 할 뿐 종양 애기는 뒷전이었다. 사별의 고통이 극심하다고 판단한 원목자는 수술 전까지라도 주 1회, 두 달간 진행되는 사별 가족 모임에 참석해 볼 것을 제안했다. 원목자를 매주 만날 수 있다는 사실에 부인은 흔쾌히 참석하기로 했다.

처음에 부인은 프로그램에 정상적으로 참여하기 어려울 정도로 눈물만 쏟아 냈다. 프로그램은 미술요법, 음악요법 등 그룹 작업으로 진행되었는데, 부인을 위한 개별 면담이 추가되었다. 그 결과 시간이 지나며 부인은 조금씩 프로그램에 참여했고, 나중에는 다른 사별 가족들과 간식을 먹으며 웃기도 했다.

수술 날짜가 정해지면서 5주째를 마지막으로 부인은 프로그램에서 먼저 하차했다. 몇 주 동안 같은 그룹의 멤버들과 서로 슬픔을 이해하고 공감하며 정이 든 상태였다. 부인은 그룹원들의 따뜻한 위로와 격려를 받으며 헤어졌다. 그리고 6주째에 한쪽 머리를 민 채 모자를 쓰고 나타났다.

모두 깜짝 놀라 어떻게 된 일인지 물었다. 부인은 환하게 웃으며 수술 전날 머리카락도 밀고서 검사를 했는데 종양 크기가 눈에 띄게 줄었다고 말했다. 의사가 놀라면서 그동안 뭘 했냐고 묻고, 수술 대상이 아니니 무얼 했건 그걸 계속하라고 했다는 것이다. 곰곰이 생각해 보니 그동안 한 것은 사별 가족 모임에 와서 실컷 운 것밖에 없는 것 같다고, 아무래도 이 모임을 마지막까지 참석해야 할 것 같아 왔다며 웃었다.

사별 가족 모임에 참석한 유가족들이 공통되게 하는 말은 이곳에 오면 마음껏 울 수 있어 편하다는 말이다. 실컷 울어도 그만 울라고 말하는 사람이 없어서 좋고, 여태 그러냐며 빨리 이겨 내라고 말하는 사람이 없어서 좋다고 한다.

슬픔은 부끄러운 것이 아닌데

사별의 과정은 이제 더 이상 사랑하는 사람이 내 곁에 없다는 사실을 깨닫는 '상실에 대한 자각', 그로 인한 슬픔과 다양한 감정을 인정하고 경험하는 것, 즉 온몸으로 상실의 고통을 치러 내는 시간이 필요하다. 이 과정을 통해 고인과의 관계를 되돌아보고 의미를 발견하며 고인이 없는 현실의 삶에 다시 적응하는 것이다.

그런데 우리 주변에는 죽음과 상실의 경험에 대해 이야기하기를 꺼리고, 슬픔이나 우울 등 부정적인 감정을 드러내는 것을 터부시하는 경향이 있다. 이는 애도하는 과정에 걸림돌이 되며, 우리가 슬픔을 겪는 이들과 함께하고자 할 때 주춤거리게 만드는 요인이 된다.

최근에 교회 친목 모임에 새로 가입한 간호사 S의 경험은 우리가 사별의 아픔을 겪는 이들에게 어떤 태도를 취하는지 잘 보여 준다. 어느 날 회원 다섯이 자동차 한 대를 타고 나들이를 다녀오고 있었다. 귀가하는 길에 회원 한 분이 추모 공원 근처에서 내려 달라고 했다. S를 제외한 회원들은 이유를 아는지 아무 말 없이 차를 세웠다. 뒤늦게 S가 누구에게랄 것 없이 "왜 혼자 내리세요? 어디 가시는데요?" 하고 물었다. 차 안에 있던 사람들은 쉬쉬하는 분위기로 속삭였다. "아들 묘지에 가는 거예요. 모른 척하세요. 몇 년 전에 사고로 잃은 아들이 저기 공원묘지에 있을 거예요." 하고 알려 주었다. 오랫동안 모임을 한 사이임에도 회원들은 그 묘지에 함께 가본 적이 없는 눈치였다.

그때 S는 깜짝 놀라서 "아니, 그런데 왜 혼자 가시게 해요? 다 함께 가서 기도라도 하면 좋잖아요." 하고 반문했다. 그러자 차 안에 있는 이들은 당혹스러운 표정으로 물었다. "그래도 괜찮을까요?" 누군가의 너무 큰 아픔을 아는 척하는 것이 조심스러운 표정이었다.

"아, 그럼요! 여기까지 같이 왔으면서 모른 척하는 것이 더 이상하죠. 뭐, 대단한 걸 하자는 것도 아니잖아요. 그냥 같이 가서 기도드리면 자매님도 덜 외로우실 거예요." S의 단호한 말에 모두 용기를 내는 것 같았다.

함께 아들의 묘지에 가서 기도하겠다는 회원들에게 그 어머니는 고맙다며 눈물을 보였다. 그 묘지 앞에서 그 어머니는 몇 년 만에 처음으로 회원들에게 아들 이야기를 했다. 그때 그 어머니가 보인 눈물은 아들을 잃은 슬픔의 눈물만은 아니었을 것이다. 아마도 어머니는 자신까지 놓아 버리면 영영 아들이 잊힐까 봐 두려워 홀로 아들에 대한 기억을 되살려 왔을 것이다. 그런 소중한 아들을 잃었다는 사실을 주변 사람들에게 인정받는 순간에 조금은 안도도 느꼈지 않았을까 싶다.

그렇게 상실에 직면하고 그 아들이 없는 세상에서 아들과의 관계를 새롭게 정립하면서 그분의 애도 과정도 완성되어 갈 것이다. 그 짧은 순간 간호사 S는 자기도 모르게 몇 년 전 멈춰 있던 한 어머니의 삶의 시계를 다시 움직이게 했는지도 모른다.

상실에 슬퍼하고, 그 슬픔을 표현하는 것은 부끄러운 일이 아님을 몇 번이나 강조해도 부족한 것 같다. 이는 마치 몸의 상처가 치유되는 과정과 비슷하다. 몸에 상처가 생기면 벗겨진 피부가 치유되는 과정에서 흔히 '진물'이라는 체액이 흘러나온다. 성가시고 불편하게 여길 수 있지만 바로 이 진물이 피부를 보호하면서 새살이 돋아나게 해준다.

소중한 이를 잃은 우리에게 슬픔이란 그런 것이다. 슬픔을 충분히 표현하고 나면 큰 슬픔의 감정에 가려져 보이지 않았던 더 많은 감정들이 모습을 드러낸다. 그리움, 미안함, 안타까움, 고마움, 서운함, 화, 외로움, 억울함, 쓸쓸함, 불안 등. 모두 사별 후 경험하는 정상적인 감정들이다. 그 모든 감정의 소용돌이를 겪어 내며 충분히 애도할 시간을 가져야 마음에도 새살이 돋아난다.

우리가
고립되지 않고
연결된다면

건강하고 병들지 않은 사람만이 사는 세상이 아니다. 어디를 가든 아픈 이가 있고 병든 사람이 있다. 죽음을 앞둔 말기 환자가 아니면서 평생 동안 의료적 도움이 필요한 이들도 점점 늘어나고 있다. 간병하는 이들을 지원하는 제도와 문화가 충분하지 않으면 그만큼 간병이나 돌봄 부담 때문에 벼랑 끝으로 내몰리는 사람들도 늘 것이다.

중병을 앓거나 혹은 간병하는 가족들의 삶의 질에 가장 중요한 것은 '돈'과 '관계'라는 말을 들은 적이 있다. 중병을 앓거나 가족을 간병하는 데에 돈이 많이 필요한 이유는 사회복지제도나 인간관계가 해줄 부분을 개인들이 돈을 들여 구매해야 하기 때문이 아닐까 생각한다. 달리 말하면 아픈 이와 돌보는 이들을 지원하는 사회 시스템이 잘 구축되어 있고, 다양한 인간관계가 아픈 이와 돌보는 이들을 지원할 때 자연스런 삶의 과정인 질병과 죽음도 인간적일 수 있다는 말이다.

9988234??

무슨 단축키 번호 같은 이 번호는 '99세까지 88하게 살다가 2~3일만 앓다가 죽는 것'을 뜻한다. 오래 살고 싶은 욕구는 생명체가 가진 당연한 욕구려니 하겠는데, 살더라도 팔팔하게 살아야 한단다. 그것도 죽기 2~3일 전까지!

그러나 현실은 그렇지 못하다. 시간은 하루하루 앞으로 흐르지만 아픈 이들의 육체는 거꾸로 가는 시계마냥 갓난아이 같은 모습으로 되돌아간다. 평생 짱짱하게 제 몸을 지탱하던 다리는 코앞에 있는 화장실에 갈 힘도 없어져 침대에서 볼일을 해결하고, 그마저 안 되면 어릴 적 그랬듯 기저귀를 차야 한다. 숟가락을 입까지 들 힘이 없어 다른 이의 손을 빌려 밥을 먹어야 한다. 꼿꼿했던 허리는 더 이상 앉은 자세를 유지하지 못하고, 휠체어에 앉혀 주어도 자꾸 앞으로 고꾸라진다. 결국 침대에만 누워 있는 때가 오고, 약속된 시간이 다가올수록 의존은 심해진다. 혼자서는 돌아누울 수도 없고, 갓난아기처럼 누군가의 손을 빌려야 한다.

'이때'는 사고나 심장마비로 죽지 않는 한 누구에게나 찾아온다. 텔레비전 화면을 통해 보는 죽음은 '팔팔하게' 할 것 다 하며 남에게 의지하지 않고 살다가, 가족들에게 둘러싸여 나지막이 유언

하고 갑자기 고개를 떨어뜨리는 것이다. 이는 현실이 아니다. 현실의 죽음은 삶의 일부로서 그만큼 아니 그보다 더 치열하다. 그렇게 무력하게 죽음을 향해 태초의 시간으로 다가서는 이의 곁을 지키는 일은 육체적, 심리적, 사회적, 영적으로 무척 고통스러운 일이다. 그 기간은 결코 2~3일이 아니다.

의존하는 삶은 의미가 없을까?

호스피스에서 아픈 이들이 가장 많이 하는 말 중 하나는 "이렇게 살아서 무슨 의미가 있습니까? 이럴 바에야 빨리 끝났으면 좋겠습니다."라는 말이다. 아무것도 못하는 무기력한 상태에서는 삶의 의미가 없다고 생각하는 것이다. 왜 군이 99세까지 살다가 2~3일만 앓다가 오라고 하지 않고 '88하게'라는 말을 넣었겠는가? 심지어 아픈 이가 아닌 가족까지 "저렇게 살아 계시는 게 무슨 의미가 있나요?"라며 눈물 흘리는 분들도 많다. 안타깝다. 생산적인 것에만 가치를 두고 누군가의 도움을 받거나 의존하는 시간은 가치 없다고 여기는 것 같아서.

누구나 죽기 2~3일 전까지는 남의 손을 빌리지 않고, 가족들에게 폐 끼치지 않고 깨끗하게 가고 싶은 마음일 것이다. 그러나 그런 사별은 아쉬움, 그리움, 미안함 등 미처 나누지 못한 진심 때문에 애통함만 가득할지도 모른다. 사별 가족들이 장례를 마치고 호스피스 팀에 인사하러 와서 공통되게 하는 말이 있다. '간병했던 마지막 그 시간이 얼마나 소중한 시간이었는지 그때는 미처 몰랐다'는 것이다.

어머니의 마지막 한 달을 호스피스에서 보낸 딸이 사별 후 찾아왔다. 그녀는 "처음에는 저도 돌볼 가족도 있는데 엄마까지 간병해야 해서 육체적으로 정신적으로도 너무 힘들었어요. 그런데 장례식장에서 엄마 영정 사진을 보면서 '그 시간이 없었으면 어쩔 뻔했나'라는 생각이 들었어요. 어릴 적 이후 그렇게 엄마랑 오랫동안 함께한 건 처음이더라고요. 그 시간이 있어서 너무 감사해요"라고 고백했다.

마지막 돌봄의 시간이 주는 의미와 소중함은 대부분 그 시간이 지나고 난 후에 깨닫고, 그래서 더 가슴 아리게 남는 것 같다. 이 순간을 견뎌 내는 아픈 이들이 숭고해 보이고 존경스럽다. 마치 푸름을 뽐내며 무성했던 나뭇잎을 가을 햇볕에 붉게 태워 떨어뜨리고, 앙상한 가지로 매서운 추위와 바람을 고스란히 견뎌 내는 겨울나무를 바라보는 느낌이다. 죽음을 앞둔 이들은 겨울을 견뎌 내고 있다. 결코 혼자서 견뎌 낼 수 없는 과정이다. 그래서 사랑하는 이들의 손길, 따듯한 눈길, 잘 해내고 있다는 격려가 간절한 시기다. '팔팔했다면' 결코 필요하지 않았을 것들이다.

돌봄의 순환이 순리인데

임종이 가까워 잠자는 시간이 더 많아진 부모의 곁을 지키는 자녀들을 볼 때면 '세월은 참 야속하게 서로의 입장을 뒤바꿔 버렸구나'라는 생각이 든다. 무력하게 누워 있는 그도 40~50여 년 전에는 지금 옆에 있는 자녀의 곁을 그렇게 밤낮으로 지켰을 것이다. 지금의 자신처럼 잠자는 시간이 더 많고, 전적으로 의존적이었던 갓난아기를.

자녀들의 손에 이끌려 호스피스병원에 입원하는 노인들은 대개 의기소침해 있다. 아픈 이를 병상에 눕히면 간호사들은 자연스럽게 "○○○님 보호자분! 간호사실로 나오세요."라고 한다. 그러면 동행한 자녀가 따라 나오는데 자녀의 뒷모습을 바라보는 노부모의 눈빛이 소아과 병동에서 "○○○어린이 보호자분!" 하는 호명에 뛰어나가는 엄마를 바라보던 아이들의 눈빛과 닮았다.

그렇게 우리는 어느 순간 우리의 보호자였던 부모님의 보호자가 된다. 그게 자연의 순리이며 돌봄의 순환이 아닐까? 언젠가 우리 역시 그렇게 의존에 익숙해져야 할 시기가, 누군가의 돌봄을 받아들여야 하는 때가 올 것이다. 부모가 돌봐 준 시간은 2~3일이 아니었건만, 앞서가는 이들은 그 2~3일의 의존마저도 한없이 미안해한다.

더욱 가슴 아픈 현실은 돌봄을 줄 사람이 없어 이 순환이 일어날 수 없다는 것이다. 자녀들 대부분은 경제 활동을 하고, 노부모의 간병을 위해 직장을 그만두기에는 너무 취업이 어려운 시대다. 부부 중 한 명이 건강하고 직업이 없어 병환 중인 배우자를 돌볼 수 있으면 사정은 조금 낫다. 우리는 그런 부부를 노노(老老) 커플 간병이라고 부른다. 아흔이 가까운 어르신이 비슷한 연배의 배우자를 돌보는 경우도 흔하다. 간이침대에서 쪽잠을 자고 조금만 움직여도 숨을 헐떡이는 노인을 보고 있노라면, 누가 누구를 돌보고 있는지도 헷갈린다. 그래도 아픈 이의 입장에서는 그 힘든 시기에 곁을 지켜 주는 배우자라도 있어 다행이다.

한번은 배우자를 먼저 떠나보낸 어르신이 입원하셨다. 낯선 간병사에게 몸을 맡긴 팔순의 어르신은 "아무 힘도 못 쓰는 쭈구렁 할망구라도 옆에 있었더라면……."하고 먼저 떠난 부인을 그리워했다. 다행히 막내아들이 저녁마다 방문했다. 어느 저녁, 화장실까지 걸어갈 기력이 없는 어르신이 커튼을 치고 침대에 걸터앉아 소변을 보고 있었다. 그마저 혼자 할 수 없어 아들이 부축해 소변기를 대주고 있었다. 일곱 살 남짓한 손자가 커튼 사이로 빼꼼 고개를 내밀고 그 모습을 보다 놀란 눈빛으로 "할아버지는 아직도 혼자 오줌을 못 싸?"하고 물었다.

어르신은 뒤돌아 앉아 난감해하고 아들은 아버지를 힐끗 보더니 아이를 향해 눈살을 찌푸렸다. '못써!'하는 표정을 짓자 의기소침해진 아이는 병실을 빠져나갔다. 뒷정리를 마친 아들이 뾰로통하게 입을 내밀고 복도에 앉아 있는 아이에게 말했다. "할아버지는 아파서 이제는 혼자 오줌을 누기 힘드셔. 그러니 도와드려야겠지? 옛날에 아빠가 어렸을 때는 할아버지가 해줬고, 이제는 아빠가 다시 할아버지한테 해주는 거야." 조용히 듣고 있던 아이가 고개를 끄덕끄덕했다.

나이 든 그 아들이 자신의 아들에게 간병 받는 모습을 그려 보았다. 돌봄이 그렇게 순환될 수 있도록 사회적 분위기가 마련된다면 얼마나 좋을까 생각하면서. 하지만 달라진 세상이다. 가족 내부에서 세대 간 돌봄이 순환되기 어려워졌고, 그것으로 충분하지도 않다.

물론 육아 휴직 제도가 보편화되고 있는 것처럼 말기 간병 휴직 제도가 일반화되어 돌봄의 순환을 지원할 수 있으면 가족들의 선택지는 늘어날 것이다. 더불어 좀 다른 차원, 가족을 뛰어넘어 사회적 차원의 변화가 필요하지 않을까 한다. 가족의 돌봄 순환이 종적인 순환이라면 이런 사회적 변화는 일종의 횡적 순환이 되지 않을까?

우리가 고립되지 않고 연결된다면

농촌에 가면 언제 모시고 가서 요양병원에 입원시켜도 환자로 손색이 없을 어르신들이 수두룩하다. 마을을 이루는 주민 다수는 고령의 독거노인이고, 사고나 질병 후유증 혹은 노환으로 거동이 불편하여 지팡이나 워커에 의지한다. 하지만 그분들은 독립적으로 생활하며 스스로와 이웃을 돌본다. 모두들 '오도바이'라 부르는 전동 휠체어를 타고 다니며 농사를 지어 도시에 있는 자녀들의 생활을 지원하기도 한다.

삼십 가구 남짓 사는 마을에서 몇 년째 요양보호사의 방문을 받는 가구만 일곱 가구이고, 치매 노인의 수는 더 많다. 그중 몇 분은 독거 상태인데, 한 분은 매일 읍내에 있는 주간보호센터^{243쪽 참고}에 다닌다. 부모님의 앞집에 살고 계신 할머니다. 혼자 살고 계시지만 매일 센터 차량이 태우러 오고 요양보호사가 모시고 간다. 크게 문제된 적은 없지만, 요양보호사님은 고충이 많다. 아침이면 차를 세워 두고 할머니의 행방을 묻고 다니는 요양보호사님을 자주 볼 수 있다. 아마도 할머니께선 평생의 습관대로 아침 일찍부터 밭으로 일하러 가셨는지도 모른다. 할머니는 자주 없어진 물건을 찾아 달라거나 "아이고 맛난 걸 얻어먹고 빈 그릇이네." 하며 빈 바가지를 들고 왔다가 어머니께 "정신 단디 챙기라."는 지청구를 듣기도 한다. 그래도 나를 만날 때마다 왔냐고, 고생하지 않았냐고 아주 반갑게 맞아 주신다.

할머니는 낙상 때문에 두 달 동안 입원했던 요양병원에 대한 기억이 좋지 않으신 것 같다. 어르신들은 "얼마나 무서우면 '정신을 잘 챙기지 않으면 또 요양원 간다'는 말에 뭐 없어졌다는 말(할머니의 주요 문제 행동)도 안 한다"고 주장하신다.

치매가 있는 할머니가 시골집에 홀로 지내는 것은 자녀들의 무관심 때문이 아니다. 요양병원에 모시는 것보다 시골집에서 사시는 편이 자녀들에게는 심적, 물적으로 더 부담이 될 것이다. 평일에는 주간보호센터를 가도 밤이나 휴일이면 홀로 계시니 신경 쓰이는 일이 한둘이 아닐 것이고, 아마도 수시로 방문해 살펴 드려야 할 것이다. 나는 오히려 그런 불편을 감수하며 어머니를 살던 대로, 뜻대로 지내시게 배려하는 자녀분들이 존경스럽다.

그럼에도 불구하고 그분을 둘러싼 촘촘한 관계망과 다양한 공적 지원 체계가 없었다면 치매 노인이 시골집에서 홀로 살아가기는 어려웠을 것이다. 그분의 처지가 당신의 처지가 될 수 있다고 믿으며 그래도 요양원보다는 집에서 지내는 것이 행복하다고 말해 주는 이웃들, 고스톱은 더 나이 든 분들이 못하시니 "밥숟가락 들 힘만 있으면 함께할 수 있는 윷놀이만 한다"는 경로당 친구들, 주기적으로 마을을 방문해 주민들을 살피고 전화를 받아 주는 보건진료소장, 수시로 들러 장을 보고 대청소하며 집안일을 챙기는 자녀들, 한 번 시작하면 몇 년씩 관계를 맺으며 주민들 모두와 친숙한 요양보호사들, 그리고 필요한 서비스를 연결해 주고 급할 때 달려와 주는 이장과 젊은 이웃들 등.

이웃 할머니를 돌보는 요양보호사는 우리 어머니의 소소한 민원을 해결해 주는 '젊은 이웃'이기도 하다. 어머니는 휴대폰에 문제가 생기거나 TV 채널을 잘못 눌러 원래대로 못 돌리는 등 문제가 생길 때 자녀들과 상의하다 이야기가 길어지면 "놔둬라. 월요일에 요양보호사 오면 물어보지, 뭐." 하신다. 그런 이유로 그 요양보호사님에게서 내게 전화나 문자가 올 때도 있다. 그래서 나는 무조건 요양보호사님들을 만나면 잘 보이려고 노력한다.

시간이 더 흘러 우리 부모님께서 방문 요양 서비스242쪽 참고를 받으실 상황이 될 때에도 그 오래된 관계들이 남아 있기를 소망한다. 의존이 심해지고 더 많은 돌봄이 필요하다는 이유로 부모님을 그 친밀한 세계에서 모시고 나온다면 너무 가슴 아픈 일이 될 것이다.

그곳은 치매 노인들의 집 밖 세계, 마을 전체가 개방형 주간보호센터 같다. 시골이니까 가능한 일이라고 하지만, 많은 이들이 생각을 바꾼다면 사람들이 더 많이, 가까이 모여 있고 이용할 자원도 많은 도시가 변화를 만들기 더 쉬울지도 모른다.

【말기 환자를 위한 호스피스 완화의료】

○ 호스피스 완화의료 개념

호스피스 완화의료는 생명을 위협하는 말기 질환을 가진 환자와 그 가족을 대상으로 하는 의료 서비스이다. 환자가 남은 여생 동안 인간으로서의 존엄성과 높은 삶의 질을 유지하면서, 삶의 마지막 순간을 평안하게 맞이하도록 환자와 그 가족을 신체적, 정서적, 사회적, 영적으로 도우며, 환자의 임종 후에는 사별 가족을 위한 돌봄까지 제공한다. '호스피스'라고 하면 대부분의 사람들은 제일 먼저 죽음을 떠올리곤 한다. 말기 환자를 위한 돌봄을 제공한다는 특성상 죽음을 연상하게 되고, 그로 인해 호스피스에 입원하는 걸 거부하는 현상이 나오면서 새로운 개념의 필요성이 제안되었다. 지금의 '호스피스 완화의료'라는 용어가 나오게 된 배경이다. 하지만 실제 호스피스 병동을 와보면 죽음 그 자체보다는 죽기 전까지 조금이라도 더 잘 '살기' 위한 돌봄으로 채워진 곳임을 알게 된다. 호스피스 완화의료에서는 더 이상 치료가 안 되는 질환 자체에 집중하기보다는 말기 질환으로 인해 발생하는 통증을 비롯한 다양한 신체 증상을 적극적으로 완화시켜 주는 데 주력한다. 또한 환자와 가족의 심리 사회적, 영적 고통을 경감시키기 위해 의사, 간호사, 사회복지사, 원목자, 치료요법사 등 호스피스·완화의료 전문가가 팀을 이루어 상담, 교육, 다양한 요법 프로그램 등을 제공한다.

○ 호스피스 완화의료의 대상이 되는 질환

우리나라의 호스피스 완화의료는 암, 만성 폐쇄성 호흡기 질환, 후천성면역결핍증, 간경화, 만성 호흡기부전 환자 중 호스피스·완화의료가 필요한 말기 진단을 받은 경우에 서비스를 받을 수 있다. 말기 진단은 다양한 치료에도 불구하고 질환이 치료에 반응하지 않고 전신이 악화되는 상태로, 남은 삶의 기간이 6개월 이내로 예측되는 시기를 의미한다. 현재 호스피스 전문기관으로 입원하는 건 암 환자만 가능하다.

○ 호스피스 완화의료 서비스 제공 형태

입원형 호스피스 보건복지부가 지정한 호스피스 완화의료 전문기관 병동에 입원한 말기암 환자와 가족들에게 호스피스 완화의료 서비스를 제공한다.

가정형 호스피스 가정에서 지내기를 원하는 말기 환자와 가족에게 의사, 간호사, 사회복지사 등으로 구성된 호스피스팀이 가정으로 방문하여 호스피스 완화의료 서비스를 제공한다.

자문형 호스피스 일반 병동과 외래에서 진료를 받는 말기 환자와 가족에게 호스피스팀이 담당 의사와 함께 호스피스 완화의료 서비스를 제공한다.

현재 국내 호스피스 완화의료 서비스의 유형은 위의 세 가지 유형을 기본으로 하고 있으나 일부 기관 및 외국에서는 주간보호형 호스피스 완화의료 서비스(데이케어, day care)도 이루어지고 있다. 이는 가정에 있는 말기 환자를 낮 시간 동안 주간보호센터로 모시고 와서 식사, 진료, 다양한 요법 등 계획된 프로그램 일정을 제공하는 것이다. 주간보호센터에 모인 환자와 가족들끼리 자조 그룹도 형성될 수 있으며 말기 환자와 가족들에게 사회적 자극을 제공하고 고립감을 최소화시켜 주며 호스피스 완화의료에 대한 거부감을 줄여 줄 수도 있다.

○ 호스피스 완화의료의 신청 절차

대부분의 급성기 병원에서는 적극적인 치료(항암 치료, 방사선 치료 등)가 더 이상 불가능해진 환자의 경우 집으로 퇴원 또는 다른 병원으로 전원하도록 종용하기 마련이다. 이때 호스피스 완화의료 돌봄을 받기 위해서는 주치의가 작성한 말기 진단 소견서 또는 의뢰서를 가지고 호스피스 완화의료 전문기관의 외래 진료를 보아야 한다. 우리나라는 전국에 호스피스 완화의료 전문기관이 약 90여 개 있으므로 거주 지역에서 가까운 기관을 선택하면 된다. 대부분의 호스피스 완화의료 전문기관들이 입원 대기를 거쳐야 하므로 긴박하게 닥쳐서 알아보기보다 미리 정보를 알아보고 외래 진료를 봐두는 것도 필요하다. 호스피스 완화의료 전문기관 및 호스피스 서비스에 대한 다양한 정보는 중앙호스피스센터 홈페이지나(https://hospice.go.kr:8444/?menuno=1) 전화 상담(1577-8899)을 통해 얻을 수 있다.

참고 : 중앙호스피스센터 홈페이지

【가정에서 받을 수 있는 다양한 방문 간호 서비스】

○ 가정간호

병원 내 가정 전문 간호사가 가정으로 환자를 방문하여 주치의의 처방으로 지속적인 간호와 치료를 제공하는 것을 말한다. 나이의 제한 없이 해당 병원에서 퇴원 후 처치를 필요로 하는 환자, 뇌질환, 당뇨, 척수 손상, 심폐 질환 등의 만성 질환으로 지속적인 관리가 필요한 환자, 수술 후 상처 관리, 봉합사 제거 등이 필요한 환자, 암 등 말기 질환자 또는 노인 환자 등 의사가 가정간호가 필요하다고 인정하는 환자를 대상으로 이루어진다. 치료받던 병원의 담당 의사나 간호사에게 신청하고, 의사의 가정간호 처방(의뢰)을 받아 이용할 수 있다. 해당 병원의 가정 간호사들이 집으로 방문하여 간호를 제공하게 된다.

○ 방문간호

노인성 질환을 앓고 있는 장기요양등급 1~5등급을 판정받은 어르신을 대상으로 방문간호센터에서 방문 간호사가 가정을 방문하여 이루어진다. 방문간호에서 제공하는 서비스로는 기본 건강상태 확인, 위생관리, 소변줄 / 콧줄 삽입 및 관리, 욕창관리, 각종 드레싱 등의 처치간호, 교육 및 재활간호 서비스를 제공한다. 거주지의 노인장기요양보험공단에 신청하여 장기요양등급 판정을 받은 후에 가까운 의료기관이나 보건소에서 방문간호 지시서를 발급 받고, 재가노인을 대상으로 방문간호를 시행하는 재가노인복지시설이나 방문간호센터에 신청하면 된다.

○ 가정 호스피스 완화의료

암, 만성 폐쇄성 호흡기 질환, 후천성면역결핍증, 간경화, 만성 호흡기부전 질환의 말기 단계인 환자를 대상으로 의사, 간호사, 사회복지사로 구성된 호스피스 완화의료팀이 환자의 가정을 방문하여 호스피스 완화의료 서비스를 제공한다. 암을 제외한 질환들에 대해서는 각 기관마다 서비스가 제공되지 않는 경우가 있으므로 사전에 확인이 필요하다. 담당 의사로부터 말기 진단을 받은 후 호스피스·완화의료 의뢰서를 발급 받아 원하는 가정 호스피스 제공기관에 신청한다.

○ 맞춤형 방문 건강관리사업

지역 사회의 질병 예방 및 건강 증진을 위하여 보건소 내 간호사 및 물리치료사 등 전문 인력이 가정이나 시설을 직접 방문하여 보건의료 서비스를 제공하거나 지역 사회와 연계하여 주민의 건강 수준을 향상시켜 주는 보건소의 방문 보건 서비스이다. 대상은 기초생활보장수급자, 저소득계층, 65세 이상 독거노인가구 등 건강관리 서비스 이용이 어려운 사회·문화·경제적 건강 취약계층이 포함된다. 주로 생애주기별 건강문제 관리, 만성질환 관리, 합병증 예방, 재가암환자 관리, 건강행태 개선 등 맞춤형 건강관리 서비스를 제공한다. 거주지 관할 보건소의 담당 부서(지역마다 담당 부서명은 다를 수 있다)에 전화나 방문하여 신청할 수 있다.

참고 : 각 시·군·구 보건소 홈페이지의 방문건강관리사업팀

【환자 돌봄을 위한 간병 서비스】

○ (사설) 간병 서비스

민간 사설 간병협회에 등록된 간병사가 병원 또는 집으로 파견되어 12시간 또는 24시간 환자를 간병하는 것이다. 24시간 기준 10~15만 원까지 환자의 중증도에 따라 가격이 책정되며 개별 가족이 간병사를 사적으로 고용하여 비용을 전적으로 부담하므로 장기간 간병이 필요한 경우에는 경제적 부담이 큰 편이다.

○ 방문 요양 서비스

고령이나 노인성 질병 때문에 일상생활을 혼자서 수행하기 어려운 노인들에게 신체활동 또는 가사활동 지원 등을 제공하는 사회보험제도인 노인장기요양보험의 재원으로 운영되는 제도이다. 65세 이상 노인 또는 65세 미만이라도 치매, 중풍, 파킨스병 등 노인성 질병을 앓고 있어 일상생활을 수행하기 어려운 경우에 국민건강보험공단에 장기요양인정신청을 할 수 있다.

공단에서 장기요양 서비스가 필요하다고 인정되는 경우에 1~5등급의 노인 장기요양 등급을 부여하는데, 1~5등급 판정을 받으신 분들에게 가정에서 신체활동 지원 및 일상생활을 지원해 드리는 서비스가 방문 요양 서비스이다. 등급별로 이용 가능한 시간은 상이하지만 보통 하루에 3~4시간 이용이 가능하며 원하는 시간대로 조율이 가능하다. 금액은 국가에서 85%를 지원하고 본인 부담금은 15%로 사설 간병 서비스에 비해 훨씬 저렴한 편이다. 그러나 24시간 간병 지원은 어렵고 월 한도액이 정해져 있어 초과될 경우 초과분 전액은 본인 부담이다.

○ 요양병원과 요양원

요양병원은 의료법에 의해 설치되는 의료기관으로 국민건강보험에서 재원을 부담하며, 치료를 목적으로 하는 의료기관이므로 상근하는 의사와 간호사가 있어야 하고 입원 자격에도 원칙적으로 제한이 없다. 간병사(혹은 요양보호사)를 직접 고용할 의무는 없으므로 간병 서비스가 필요한 경우에 비용을 환자나 보호자가 전액 부담하게 된다.

요양원은 노인복지법에 의해 설치되는 요양 시설로 노인장기요양보험에서 재원을 부담하며, 1~3등급의 장기요양등급 판정을 받아야 입소할 수 있다. 의료기관이 아니므로 상근하는 의사는 없어도 되나 상근 간호사는 있다. 요양보호사를 직접 고용해서 돌봄 업무를 수행하며, 입소비와 요양보호사의 간병비는 노인장기요양보험에서 부담한다. 그 외 약물 처방이나 진료가 필요하면 자부담으로 외부 의료기관을 이용한다.

○ 주간보호센터

일반적으로 일상생활 지원이나 전문적인 도움이 필요한 대상자들을 대상으로 다양한 프로그램을 제공하면서 낮 시간 동안 돌봐 주는 기관으로 '데이케어 센터(day care center)'라고도 한다. 돌봄을 필요로 하는 이들이 출퇴근하듯 낮 시간을 센터에서 보내게 되므로 돌봄을 제공하는 가족들이 경제활동 등 일상 활동을 유지하는 데 도움이 된다. 기관에 따라 서비스를 제공하는 대상자와 서비스의 내용에 차이가 있다.

노인 주간보호센터 장기요양등급 재가급여를 받은 노인 대상이다. 낮 동안 도움이 필요한 치매 및 노인성 질환 어르신을 대상으로 다양한 인지기능 향상 프로그램, 전문 재활치료 프로그램 등을 운영한다.

장애인 주간보호센터 장애인 지역사회 재활 시설로, 중증 장애, 맞벌이 및 기타 가정의 사정으로 인해 가정 보호에 어려움이 있는 장애인을 낮 시간 동안 보호하며 교육지원, 자립지원, 체험활동 등 프로그램을 운영한다.

호스피스 완화의료 주간보호센터 말기 환자를 대상으로 필요 시 진료 서비스, 상담, 아로마 마사지 등의 요법 프로그램을 운영한다. 국내에서는 제도화되어 있지 않으며 몇몇 기관에서 시범적으로 단기 운영하고 있다.

참고 : 국민건강보험공단 노인장기요양보험 홈페이지